JN094168

三訂 成年後見実務マニュアル

基礎からわかるQ&A

公益社団法人日本社会福祉士会｜編集

中央法規

はじめに

民法が改正され、成年後見制度がスタートしてすでに21年が経過しました。この間、2016（平成28）年には「成年後見制度の利用の促進に関する法律」が施行され、2017（平成29）年に示された「成年後見制度利用促進基本計画」に基づき、基礎自治体に中核機関が設置されるなどの運用改善が進んでいます。

本書は、成年後見制度がスタートした当初より、

① 成年後見制度を利用しようとする人やその利用を支援する福祉関係者などの人に、成年後見制度の仕組みをわかりやすく解説すること、

② 成年後見人等として活動している人やこれから活動しようとする人に、後見事務の内容と実践にあたっての考え方や注意点を実務に沿って解説すること、

を目的として編集されました。

成年後見制度と成年後見人等の実務について、Q＆A方式で解説し、後見事務の考え方を具体的に示すことにより、成年後見人等を養成する際の実務的専門書として、多くの養成研修の場でテキストとして活用されています。

三訂となる今回の改訂においては、公益社団法人日本社会福祉士会「後見委員会出版プロジェクトチーム」の編集者が、これまでの本書の内容を見直し、最新情報を取り入れて、新たなQ＆Aも追記しております。

成年後見制度利用促進基本計画は、2022（令和４）年４月より第二期に入りました。そこでは、地域共生社会の実現を目指し、成年後見制度を一つの重要な権利擁護支援のツールととらえながらも、成年後見制度だけではないさまざまな権利擁護支援の体制整備を各地域で確実に実践していくことが求められています。そのために大事な視点となる、「意思決定支援」や「チームによる支援のあり方」、「身上保護を重視した後見事務のあり方」を基盤とした本書が、制度利用を支援する中核機関等の関係者や、司法の関係者、また成年後見人等として実務に携わる人やこれから活動しようとする人に活用されること、そしてそのことが成年後見制度のよりよい改善に向けての一助となることを願います。

公益社団法人日本社会福祉士会
会長　西 島 善 久

三訂 成年後見実務マニュアル 基礎からわかるQ&A

2　成年後見人等に選任されたら

5　留意を要する事項

6 関連する法制度

7　任意後見制度

法律名・用語の表記について

本書では、法律名や用語については原則として正式名称を用いています。
ただし、以下の法律や用語については、基本的に略称を用いています。

略称・本文記載	正式名称
NPO法人	特定非営利活動法人
基本計画	成年後見制度利用促進基本計画
後見事務のガイドライン	意思決定支援を踏まえた後見事務のガイドライン
後見登記法	後見登記等に関する法律
高齢者虐待防止法	高齢者虐待の防止、高齢者の養護者に対する支援等に関する法律
障害者虐待防止法	障害者の虐待防止、障害者の養護者に対する支援等に関する法律
障害者総合支援法	障害者の日常生活及び社会生活を総合的に支援するための法律
心神喪失者等医療観察法	心神喪失等の状態で重大な他害行為を行った者の医療及び観察等に関する法律
精神保健福祉法	精神保健及び精神障害者福祉に関する法律
成年後見制度利用促進法	成年後見制度の利用の促進に関する法律
成年後見人等	成年後見人、保佐人、補助人
成年被後見人等	成年被後見人、被保佐人、被補助人
任意後見法	任意後見契約に関する法律

総　論

Q01 成年後見制度とは

成年後見制度の概要について教えてください。

1. 成年後見制度の変遷

従前の民法では、成年後見制度に該当するものとして、禁治産・準禁治産制度がありました。禁治産・準禁治産制度は、判断能力が不十分な人の個々の状況に合わせることが難しく、戸籍に記載されることや手続きに時間や費用がかかるなどの問題点が指摘され、利用も多くありませんでした。

しかし、急速な高齢化の進展のなか、判断能力が不十分になった高齢者の財産を悪徳商法などから守ることや、介護保険制度をはじめとする福祉サービスが措置から契約に基づく利用へと移行し、判断能力の状況から契約行為に支援を必要とする人への対応が求められるようになったこと、障害者福祉の充実といった観点などから、実情に即した利用しやすい制度が必要となりました。

現在の成年後見制度は、「民法の一部を改正する法律」「任意後見法」「民法の一部を改正する法律の施行に伴う関係法律の整備等に関する法律」「後見登記法」の成年後見制度等関連四法として成立し、2000（平成12）年４月から施行されました。

2. 現在の成年後見制度

現在の成年後見制度は、大きく法定後見制度と任意後見制度に分かれます。法定後見制度には、後見・保佐・補助の三つの類型があります。従前の制度と比較して、補助類型や任意後見制度が新設されたことにより自己決定尊重の理念が具現化されたことや、戸籍への記載が廃止され登記制度が導入されたことが大きな特色です。

また、2016（平成28）年に「成年後見制度利用促進法」が制定され、これまでの課題を検討し、運用改善を行うとともに真に必要な人の制度利用を促進するために国や地方公共団体、裁判所、関係機関が連携することが政策として進められています。

Q02 法定後見制度

補助・保佐・後見の概要について教えてください。

1. 補助・保佐・後見の概要

法定後見制度は、現に判断能力が不十分な人を対象としています。申立権者が家庭裁判所に後見等開始の審判の申立てをし、家庭裁判所が適任者を選任します。審判が

表 補助・保佐・後見の制度の概要

		補助類型	保佐類型	後見類型
要件	対象者 判断能力	精神上の障害（認知症・知的障害・精神障害など）により事理を弁識する能力が不十分な者	精神上の障害により事理を弁識する能力が著しく不十分な者	精神上の障害により事理を弁識する能力を欠く常況に在る者
開始の手続	申立権者	本人、配偶者、四親等内の親族、検察官など 任意後見受任者、任意後見人、任意後見監督人 市町村長（老人福祉法、精神保健福祉法、知的障害者福祉法で規定）		
	本人の同意	必　要	不　要	不　要
機関の名称	本人	被補助人	被保佐人	成年被後見人
	保護者	補助人	保佐人	成年後見人
	監督人	補助監督人	保佐監督人	成年後見監督人
同意権・取消権	付与の対象	申立ての範囲内で家庭裁判所が定める「特定の法律行為」（民法第13条第１項各号に定められた法律行為の一部に限られる）	民法第13条第１項各号所定の行為、同意権の範囲拡張の審判を受けた行為（民法第13条第２項）	日常生活に関する行為以外の行為（取消権）*
	付与の手続	補助開始の審判 ＋同意権付与の審判 ＋本人の同意	保佐開始の審判	後見開始の審判
	取消権者	本人・補助人	本人・保佐人	本人・成年後見人
代理権	付与の対象	申立ての範囲内で家庭裁判所が定める「特定の法律行為」	同　左	財産に関するすべての法律行為
	付与の手続	補助開始の審判 ＋代理権付与の審判 ＋本人の同意	保佐開始の審判 ＋代理権付与の審判 ＋本人の同意	後見開始の審判
	本人の同意	必　要	必　要	不　要
責務	身上配慮義務	本人の心身の状態および生活の状況に配慮する義務	同　左	同　左

＊後見類型では、成年後見人が同意をして成年被後見人が行った法律行為を有効にすることは想定されていないため、同意権はない。

確定すると東京法務局に登記がなされます。選任された成年後見人等には法定の事務について、代理権および同意権・取消権といった法定の権限が付与され、この法定権限を行使することにより、成年被後見人等の権利を擁護します（Q8参照）。

2. 欠格条項について

欠格条項は、資格等に対する信頼性を確保し、関係者の権利利益を保護するなどを目的として、法令ごとにさまざまな規定がされています。こうした欠格条項のなかには、「成年被後見人又は被保佐人」も含めているものがあります。その場合には成年被後見人や被保佐人はそれまで所持していた資格を失うことになっていました。このことが、成年後見制度の利用を検討する際に、本人にとって不利益ではないか、という課題が多く寄せられていました。

2013（平成25）年5月に「成年被後見人の選挙権の回復等のための公職選挙法等の一部を改正する法律」が成立し、それまで成年被後見人からはく奪されていた選挙権が復活しました。この改正法は、選挙権の回復を求めた成年被後見人や支援者らが裁判を起こすことで勝ち取ったものです。しかし、選挙権以外にも多くの欠格条項が残っていました。

前述したように2016（平成28）年に「成年後見制度利用促進法」が施行され、この問題についても検討がなされ、2019（令和元）年6月の国会において、「成年被後見人等の権利の制限に係る措置の適正化等を図るための関係法律の整備に関する法律」が全会一致で可決・成立しました。そのことによって、成年被後見人や被保佐人がなることができないとされていたり、所持していた資格（公務員、医師、弁護士、警備員、NPO法人の役員等）をはく奪されていたことについて、それぞれを規定している法律から、成年被後見人や被保佐人であることを一律に排除するのではなく、それぞれの資格の欠格条項について改めて見直しをすることが求められることとなりました。

 03 任意後見制度

任意後見制度の概要について教えてください。任意後見と法定後見の関係はどうなりますか。

A

1. 任意後見制度の概要

任意後見制度とは、委任者（本人）が契約に必要な判断能力を有しているうちに、受任者（任意後見人になる者）に対し、判断能力が不十分な状況における自己の生活、療養看護および財産の管理に関する事務の全部または一部を委託し、その委託にかかる事務について代理権を付与する委任契約（任意後見契約）を結び、任意後見監督人が選任された時からその効力が生ずるようにする制度です（任意後見法第２条第１号）。

任意後見契約は、次の二点において、一般の任意代理の委任契約と明確に区別されます。

① 家庭裁判所による任意後見監督人の選任を代理権付与の停止条件とする（契約が発効する）こと

② 契約の締結は公正証書によらなければならないこと

任意後見契約が締結されると東京法務局に登記がなされます。

なお、任意後見契約は代理権の付与のみを目的とするため、任意後見人には取消権がありません。しかし、委任者が特定の事項について間違った判断をした場合には取消しをしてほしいことを希望した場合、限定的に取消しを行う旨の契約は可能である、という判断からそのような契約が締結されているケースもあります。

2. 任意後見監督人の選任

判断能力が不十分な状況になった時は、家庭裁判所は、本人、配偶者、四親等内の親族または任意後見受任者の請求により、任意後見監督人を選任します（任意後見法第４条第１項）。任意後見人を誰にするかは全面的に本人の自己決定に任せられていますが、任意後見監督人は、家庭裁判所がその裁量で任意後見人の監督に最も適任と認められる者を選任することになります。

任意後見監督人は、①任意後見人の事務を監督すること、②任意後見人の事務に関

し、家庭裁判所に定期的に報告をすること、③急迫の事情がある場合に、任意後見人の代理権の範囲内において、必要な処分をすること、④任意後見人またはその代表する者と本人との利益が相反する行為について本人を代表すること等となっています（任意後見法第７条第１項）。

3. 任意後見と法定後見の関係

任意後見契約が登記されている場合は、自己決定尊重の理念に則り、原則として任意後見が優先されます。ただし、家庭裁判所は、本人の利益のために特に必要があると認めた場合に限り、法定後見開始の審判をすることができます。任意後見監督人が選任された後に法定後見開始の審判を受けた場合は、任意後見契約は終了します（任意後見法第10条）。

任意後見制度は、委任者本人の判断能力が十分な時に契約を結びますので、自己決定の尊重という法の理念にかなった成年後見のあり方だといえます。

4. 任意後見制度推進の動向

Ｑ６で述べられている基本計画においては、制度を利用する本人のメリットが感じられる制度の運用改善に向けて整理され、本人の意思が尊重される仕組みとしての任意後見制度をより推進していくことが方向性として定められました。さらに、第二期基本計画では、任意後見制度について、「近年の人口の減少、高齢化、単身世帯の増加等を背景として、地域社会から孤立する人や身寄りがないことで生活に困難を抱える人の問題が顕在化している。そこで、人生設計についての本人の意思の反映・尊重という観点から、任意後見制度が積極的に活用される必要がある。そのため、適切な時機に任意後見監督人の選任がされることなど同制度が適切かつ安心して利用されるための取組を進める」（厚生労働省成年後見制度利用促進専門家会議「第二期成年後見制度利用促進基本計画に盛りこむべき事項」（令和３年12月）より引用）とし、優先的に取り組む事項として設定されています。

Q04 成年後見制度の理念と成年後見人等の責務

成年後見制度の基本理念は何ですか。成年後見人等に課せられる身上配慮義務とはどのようなものですか。

1. 成年後見制度の理念を実現するための基本的態度

成年後見制度は、「自己決定（自律）の尊重」「残存（現有）能力の活用」「ノーマライゼーション」の三つの基本理念と、「本人の保護」の理念を調和させることを趣旨としています。成年後見制度は、認知症や知的障害、精神障害などで判断能力が不十分な成人を対象としますが、たとえ判断能力が不十分であっても、その人のもてる力を引き出して存分に活かし（エンパワメント）、その人自身がどのような生活をしたいのかをよく聴いて意思を尊重し、その人が望む暮らしの実現を図ることを理念としています。

成年後見人等が保護を優先しすぎると、成年被後見人等の生活と権利を擁護するどころか、権利侵害にもなりかねません。しかし、必要な保護がなされなければ、成年被後見人等の生活を守ることができません。例えば在宅で暮らす認知症の成年被後見人の徘徊が頻繁になった場合、成年後見人は本人保護の観点から施設入所を検討するでしょう。しかし本人は、常々最期まで自宅で暮らしたいと強い意思表示をしていたとします。この成年被後見人にとって、何が最善の選択といえるでしょうか。

成年後見人等は、成年被後見人等の代理人として、付与された代理権や同意権・取消権の範囲内で法律行為を行いますが、その際には成年被後見人等の意思決定支援がどこまで尽くされたかが問われます。2020（令和2）年10月に国が公表した「後見事務のガイドライン」には、成年後見人等は本人をとりまく支援者らと意思決定支援のためのチームを形成し、本人が自ら意思決定できるよう、実行可能なあらゆる支援を尽くさなければ、成年後見人等による代行決定に移ってはならない、としています。意思決定や意思確認が困難とみられる局面や、本人にとって見過ごすことができない重大な影響が懸念される局面において、成年後見人等が代行決定する場合には、本人にとっての最善の利益に基づいてそれを行うことが求められています。

2. 身上配慮義務

民法第858条は、「成年後見人は、成年被後見人の生活、療養看護及び財産の管理に関する事務を行うに当たっては、成年被後見人の意思を尊重し、かつ、その心身の状態及び生活の状況に配慮しなければならない」としています。この規定が「身上配慮義務」といわれるもので、保佐人（民法第876条の5第1項）、補助人（民法第876条の10第1項）、任意後見人（任意後見契約に関する法律第6条）にも課せられる責務です。民法第858条には、生活、療養看護といった身上保護や財産管理を行う際には、「本人意思尊重義務」と「身上配慮義務」が課せられることが明示されており、成年後見人等が後見事務を行ううえでの基本的な行動指針といえます。例えば、成年後見人等が成年被後見人等の財産に関する処分や管理を行う際にも、成年被後見人等の意思、成年被後見人等はその財産をどうしたいのかといった希望などを最大限に尊重するとともに、成年被後見人等の精神・身体の状態や生活状況に配慮する必要があるということです。

民法第858条の「身上配慮義務」の基本的な性格は、「成年後見人等が本人の身上面について負うべき善管注意義務」を具体化・明確化したものですが、「単に現行の善管注意義務の解釈を具体化したものにとどまらない」とされています。成年被後見人等の身上への配慮が事務処理の指導原理である点に留意する必要があります。

3.「本人意思尊重」と「保護」の調和を図るために

成年後見人等は自らの行動について、常にその立場を確認し、成年被後見人等の意思に沿い、成年被後見人等の最善の利益となっているか、本人の感情を慮っていかなくてはなりません。また、身上配慮について視野が狭くなっていないか、的がはずれていないかも問われるでしょう。成年後見人等は職務を行ううえで、成年被後見人等の「最善の利益」をどのような情報に基づき判断したのか、その判断根拠について説明できることが必要です。前述の「後見事務のガイドライン」に沿って以下のプロセスがなされているかを点検するとよいでしょう。

① 意思決定支援のためのチームを形成し、環境を整えます。

② 本人にこれから行う意思決定支援のための話し合いの趣旨などを本人にわかりやすく説明します。

③ 本人を交えて意思決定支援のための話し合いを行います。

④ 本人から意思が表明され、その意思が真意と思われる場合にはその意思を実現するための支援に移ります。

⑤ 意思表明が本人の真意か疑問がある場合には意思決定支援を継続します。

⑥　本人の意思の確認が困難な場合でも決定が先延ばしできる場合には、意思決定支援を継続します。

⑦　意思確認が困難で、決定を先延ばしできない場合は、意思決定能力アセスメントを実施し、その結果、その時点で本人の意思決定が困難とされた場合は、本人の意思推定アプローチを行います。

⑧　本人の意思の推定すら困難な場合に、本人にとっての最善の利益をチームで検討し、成年後見人等が代行決定を行います。

図　意思決定支援、意思決定支援後のプロセス

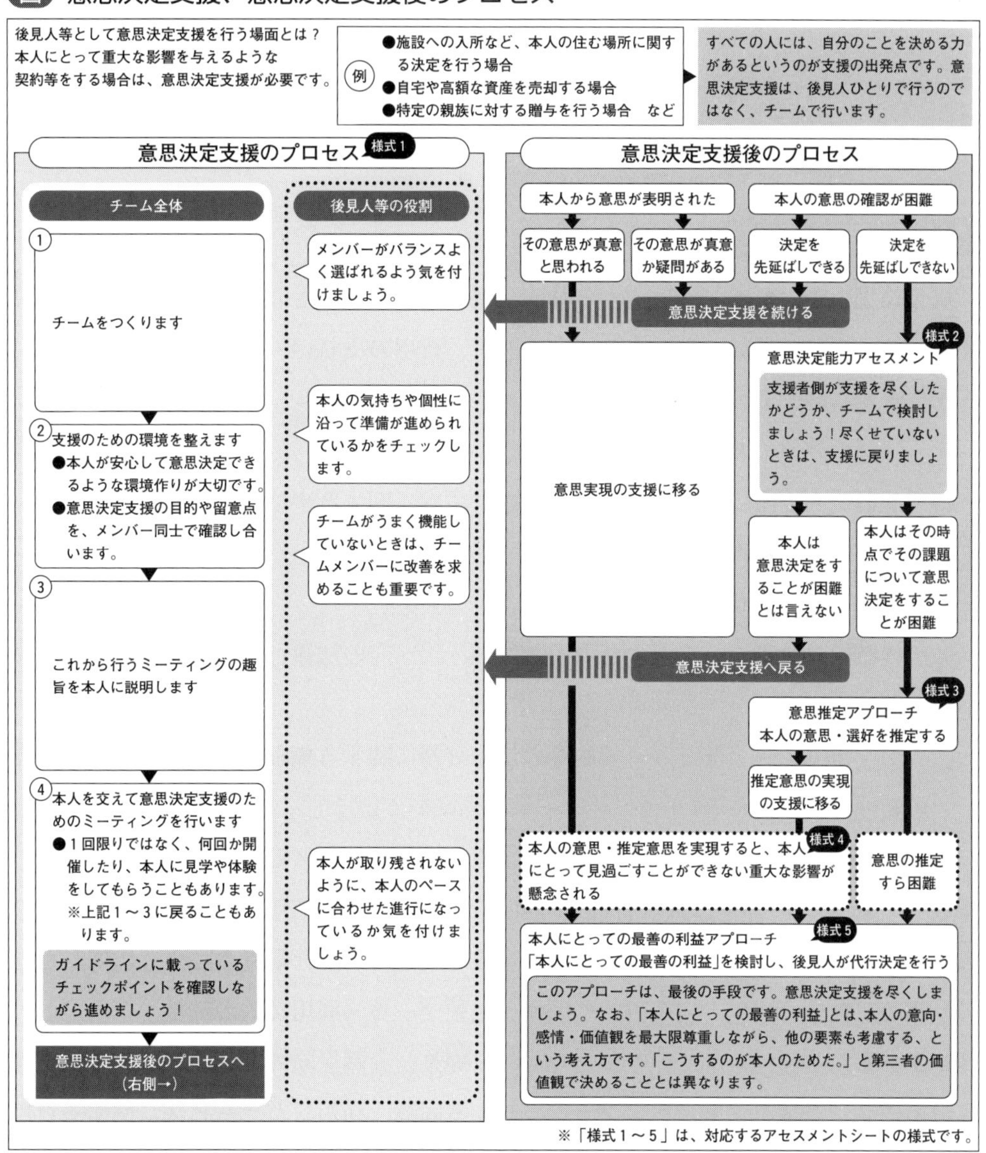

出所：意思決定支援ワーキング・グループ「意思決定支援を踏まえた後見事務のガイドライン」（2020年（令和２年）10月30日）

Q05 成年後見人等の職務

成年後見人等が行う身上保護と財産管理の内容について教えてください。

「身上保護」と「財産管理」は、ともに後見事務の内容を構成するものです。ただし、付与された代理権、同意権・取消権の権限の範囲内の職務となることは留意しなければなりません。

1. 身上保護の内容

成年後見人等の身上保護に関する職務範囲として、次のものがあります（①～⑤に関しては、契約の締結、相手方の履行の監視、費用の支払い、契約の解除）。

① 医療に関する事項

② 住居の確保に関する事項

③ 施設の入退所、処遇の監視・異議申立て等に関する事項

④ 介護・生活の維持に関する事項

⑤ 教育・リハビリに関する事項

⑥ 異議申立て等の公法上の行為（ただし、①～⑤の法律行為に関連する行為に限られる）

⑦ アドボカシー（ただし、契約等の法律行為に関する権限の行使に伴う注意義務の範囲内に限られる）

具体的には、成年被後見人等に必要な医療・福祉サービスの手配、例えばホームヘルパーの派遣、かかりつけ医の往診や訪問看護サービスの依頼、入浴サービスの申込み、デイサービスやショートステイの申込みや送迎の手配、給食や配食の段取りなどの介護等福祉サービスの利用契約や医療・福祉サービス利用契約の締結、それぞれの契約がきちんと履行されているかどうかの見守り、介護保険の要介護認定や障害支援区分の申請や異議申立て、ケアプランに対する同意、利用したサービスに関する費用の支払いなどが想定されます。

2. 財産管理の内容

財産管理は成年被後見人等に属する財産の管理を目的とする行為で、具体的には、不動産の売買、賃貸借、預貯金の出し入れ、貸金庫取引、信託取引、証券取引、地代・家賃の支払・受領、年金等給付金の請求・受領、保険料・公共料金の支払、遺産分割の協議、遺留分侵害額請求、訴訟行為、裁判上・裁判外の和解など多岐にわたります。

財産管理の目的は、成年被後見人等の財産を安全に保有することであって、投資などによりこれを増やすことが目的ではありませんし、成年後見人として行うべきではありません。

財産管理にあたっては、現存する財産を把握するだけではなく、毎年の支出の予定を立てる必要があります（民法第861条第１項）。

財産管理の方法は、管理の対象ごとに工夫することが適当です。例えば、金銭については、当面必要な額は少額を小口現金で保管するか普通預金にする、当面支出が予定されていない金銭などは、長期定期預金にする、非常の場合に備える金銭については別枠の定期預金にすることなどが考えられます。

また、現実の事務処理に際しては、処理のつど管理の証拠を残すことが財産管理の適正さの確保、成年被後見人等、家庭裁判所および成年後見監督人等への報告の正確性の担保、そして、後日の紛争から成年後見人等自身を守るために不可欠です。

なお、成年被後見人等の居住用不動産の処分（売買、賃貸借契約、担保の提供など）については、家庭裁判所の許可が必要です（Q52参照）。

3. 身上保護と財産管理の関係

財産管理とは、毎日の生活や介護の資金となるべき財産を、成年被後見人等のために活かすということです。成年被後見人等の日常生活の支援が基本であって、財産管理だけを切り離して考えることはできません（民法第858条、第859条）。

身上保護と財産管理は表裏一体といえます。そのため、成年被後見人等がどんな生活を望んでいるかをよく聞き取り、毎日の生活スタイル、好き嫌い、成年被後見人等の生活環境についての正確な情報をできるだけ多く収集することが必要です。

身上保護も財産管理も、職務を遂行するうえで身上配慮義務が課せられることは述べたとおりです（Q４参照）。

Q 06 成年後見制度の利用の促進に関する法律

成年後見制度利用促進法と基本計画について教えてください。

A

Ｑ１の２でも述べましたように、「成年後見制度利用促進法」が2016（平成28）年に施行されました。

1. 成年後見制度利用促進法の施行

認知症、知的障害その他の精神上の障害があることにより財産の管理や日常生活等に支障がある人たちを社会全体で支え合うことが、高齢社会における喫緊の課題であり、かつ、共生社会の実現に資することでありながら、成年後見制度はこれらの人たちを支える重要な手段であるにもかかわらず十分に利用されていません。

このことに鑑み、成年後見制度の利用の促進について基本理念を定め、国の責務等を明らかにし、また、基本方針その他の基本となる事項を定めるとともに、成年後見制度利用促進会議および成年後見制度利用促進専門家会議を設置すること等を定めた法律として位置づけられています。

2. 第一期基本計画

成年後見制度利用促進法では、第12条において、「政府は、成年後見制度の利用の促進に関する施策の総合的かつ計画的な推進を図るため、成年後見制度の利用の促進に関する基本的な計画を定めなければならない」と規定しています。そこで、国は2016（平成28）年に成年後見制度利用促進会議を立ち上げ、そこで第一期の基本計画を策定し、2017（平成29）年３月に基本計画が閣議決定されました。

決定された基本計画はおおむね５年間（2017（平成29）年度～2021（令和３）年度）を念頭とし、市町村は国の計画を勘案して市町村計画を策定することとなりました。基本計画では三つのポイントが示されました。

① 利用者がメリットを実感できる制度・運用の改善

・財産管理のみならず、意思決定支援・身上保護も重視した適切な後見人等の選任・交代

・本人の置かれた生活状況等を踏まえた診断内容について記載できる診断書のあり方の検討

② 権利擁護支援の地域連携ネットワークづくり

・制度の広報、制度利用の相談、制度利用促進（マッチング）、後見人支援等の機能を整備

・本人を見守る「チーム」、地域の専門職団体の協力体制（協議会）、コーディネートを行う中核機関（センター）の整備

③ 不正防止の徹底と利用しやすさとの調和

・後見制度支援信託に並立・代替する新たな方策の検討

2019（令和元）年５月には、第一期基本計画のKPI（2021（令和３）年度末までの目標数値）が公表されました。基本計画のポイントの①については、診断書の様式改定と本人情報シート（Q16参照）の誕生、②については市町村における中核機関の設置と地域連携ネットワーク（協議会）の構築、③については金融機関や法務省による取組が進みましたが、地域によって実情が異なるなかで、進捗状況には大きな地域差がみられました。また、当面予定されていた５年目を迎えるにあたり、国は法第13条に基づき、基本計画の見直しと６年目以降の新たな基本計画策定のため、2021（令和３）年３月より検討を開始しました。

3. 第二期基本計画

第二期基本計画は、2022（令和４）年３月25日に閣議決定されました。そこでは、第一期基本計画でも明文化されていた「共生社会の実現に資する」という表現を、明確に「尊厳のある本人らしい生活の継続と地域社会への参加を図る権利擁護支援の推進」とし、地域共生社会の実現を目指す計画となっています。

成年後見制度の利用促進にあたっての基本的な考え方として、地域共生社会の実現に向けた権利擁護支援の推進について、成年後見制度は権利擁護支援の重要なツールの一つであるとともに、成年後見制度以外の権利擁護支援の仕組みを地域でしっかりと構築していくことの重要性を明記しています。

また、尊厳のある本人らしい生活を継続するための成年後見制度となるための運用改善等として、本人の特性に応じた意思決定支援とその浸透を図ること、適切な後見人等の選任・交代を進めるための体制整備や取組等、各種手続における後見事務の円滑化等の必要性を示しています。

また、権利擁護支援の地域連携ネットワークづくりをこれまで以上に推し進めていくために、ネットワークが機能すべき場面を三つに整理し、地域連携ネットワークの機能を強化するための視点・取組を表のようにまとめています。

特徴として、市町村を支援する都道府県の役割・機能強化に力を入れていることもあげられます。

表 地域連携ネットワークの機能を強化するための視点・取組

	地域連携ネットワークの機能を強化するための視点・取組		
	ア　共通理解の促進	イ　多様な主体の参画・活躍	ウ　機能強化のためのしくみづくり
【場面】 権利擁護支援の検討に関する場面（成年後見制度の利用前） 【機能】 権利擁護の相談支援機能／制度利用の案内機能	a　成年後見制度の必要性など権利擁護支援についての理解の浸透（広報を含む） b　権利擁護支援に関する相談窓口の明確化と浸透（相談窓口の広報を含む）	a　地域で相談・支援を円滑につなぐ連携強化 b　中核機関と各相談支援機関との連携強化	a　各相談支援機関等の連携のしくみづくり b　成年後見制度の利用の見極めを行うしくみづくり c　成年後見制度以外の権利擁護支援策の充実・構築
【場面】 成年後見制度の利用の開始までの場面（申立ての準備から後見人等の選任まで） 【機能】 権利擁護支援チームの形成支援機能／適切な選任形態の判断機能	a　選任の考慮要素と受任イメージの共有と浸透	a　都道府県と市町村による地域の担い手の育成 b　専門職団体による専門職後見人の育成	a　後見人等候補者の検討・マッチング・推薦のしくみづくり b　市町村と都道府県による市町村長申立て・成年後見制度利用支援事業を適切に実施するための体制の構築
【場面】 成年後見制度の利用開始後に関する場面（後見人等の選任後） 【機能】 権利擁護支援チームの自立支援機能／適切な後見事務の確保機能	a　意思決定支援や後見人等の役割についての理解の浸透	a　地域の担い手の活躍支援 b　制度の利用者や後見人等からの相談を受ける関係者との連携強化	a　後見人等では解決できない共通課題への支援策の構築 b　家庭裁判所と中核機関の適時・適切な連絡体制の構築

出所：「第二期成年後見制度利用促進基本計画」（令和４年３月25日閣議決定）、36頁

Q07 意思決定支援

成年後見人は常に本人と共にいるわけではありません。成年後見人等が行う意思決定支援とは具体的にどのようなことですか。

A

専門職後見人はもとより、親族後見人や市民後見人を含めて、成年後見人等に就任した者が、意思決定支援を踏まえた後見事務を適切に行うことができるように、また、中核機関や自治体の職員等の執務の参考となるよう、後見人等に求められている役割の具体的なイメージ（通常行うことが期待されること、行うことが望ましいこと）を示すために、「後見事務のガイドライン（以下、本ガイドライン）」が2020（令和２）年10月に国の意思決定支援ワーキング・グループより公表されました。

1. 本ガイドライン策定の背景

Ｑ６で述べた基本計画では、成年後見制度の利用者がメリットを実感できる制度・運用へ改善を進めることが目標とされ、後見人等が本人の特性に応じた適切な配慮を行うことができるよう、意思決定支援のあり方についての指針の策定に向けた検討が進められるべきであるとされました。このような背景には、2000（平成12）年の成年後見制度発足以来、財産管理の観点のみが重視され、本人の意思尊重の視点が十分ではないなどの課題が指摘されてきたことがあります。そのため、今後、成年後見制度の利用促進を図っていくためには、本人の意思決定支援や身上保護等の福祉的な観点も重視した運用とする必要があります。

意思決定支援ワーキング・グループは、最高裁判所、厚生労働省、日本弁護士連合会、公益社団法人成年後見センター・リーガルサポート、公益社団法人日本社会福祉士会がメンバーとなり、２年以上の年月をかけ、協議検討して本ガイドラインをまとめました。本ガイドラインを素材とした、国による後見人等への意思決定支援研修も、2020（令和２）年度より実施されています。

2. 本ガイドラインの特徴

① 本人中心主義の実現のために後見人等に求められていること

Ｑ４で示した図のように、意思決定支援のプロセスにおいては、チームとして行うことと、後見人等の役割が記されています。例えば、チームをつくるときには、フォーマルな専門職だけではなく、本人固有の友人や知人などのインフォーマルな人もメンバーとして選ばれているか、バランスを考えましょう。また、チームがうまく機能していない場合に、チームメンバーに改善を求めたり、メンバーを交代するなどの配慮も求められます。最も重要なことは話し合いが本人のペースに合わせて行われているかを、常に確認することです。

② 意思決定支援の七つの基本原則

【意思決定支援の基本原則】

第１　全ての人は意思決定能力があることが推定される

第２　本人が自ら意思決定できるよう、実行可能なあらゆる支援を尽くさなければ、代行決定に移ってはならない

第３　一見すると不合理にみえる意思決定でも、それだけで本人に意思決定能力がないと判断してはならない

【代行決定への移行場面・代行決定の基本原則】

第４　意思決定支援が尽くされても、どうしても本人の意思決定や意思確認が困難な場合には、代行決定に移行するが、その場合であっても、後見人等は、まずは、明確な根拠に基づき合理的に推定される本人の意思（推定意思）に基づき行動することを基本とする

第５　本人の意思推定すら困難な場合、又は本人により表明された意思等が本人にとって見過ごすことのできない重大な影響を生ずる場合には、後見人等は本人の信条・価値観・選好を最大限尊重した、本人にとっての最善の利益に基づく方針を採らなければならない

第６　本人にとっての最善の利益に基づく代行決定は、法的保護の観点からこれ以上意思決定を先延ばしにできず、かつ、他に採ることのできる手段がない場合に限り、必要最小限度の範囲で行われなければならない

第７　一度代行決定が行われた場合であっても、次の意思決定の場面では、第１原則に戻り、意思決定能力の推定から始めなければならない

後見人等として実務を行う際に、特に第７原則は重要な観点です。常に第１原則に戻ることを忘れないようにしたいものです。

③ 意思決定能力の定義

本ガイドラインでは、後見人等による代行決定は、意思決定支援ではないと整理しており、代行決定に移る際には、意思決定能力アセスメントを支援チームで行うこととされています。本人の意思決定能力としては、「与えられた情報を理

解する力」「決定するためにその情報を十分に保持する力」「決定するためにその情報を検討する力」「決定について他者に伝える力」の四つがあげられていますが、重要なことは、これらの能力があるかないかという二者択一的な評価ではなく、支援の有無や程度によって変動するものであることを理解し、本人に意思決定能力がないと決めつけることではなく、四つの要素を満たすことができるように、後見人等を含めたチーム全体で支援をすることが必要である、ということです。

④　後見人が行う権限の行使は、意思決定支援のプロセスを踏まえたうえでの代行決定

②で述べられている基本原則を踏まえると、後見人等としては、権限が付与されている範囲において、本人によかれと思って意思決定支援のプロセスを踏まずに安易に決定してしまっていなかったかを振り返ることが必要です。もちろん、十分な時間がとれない、支援者側の能力が不足している、などの課題が常につきまとうものです。そのため、本人が選択し得るよい選択肢を結果として失ってしまうことを避けたいと思う気持ちが支援者側にはあります。そのような重要な難しい決断を迫られるときこそ、このプロセスを関係者と振り返るという実践が必要と考えます。

⑤　意思決定支援のプロセスに後見人がかかわるための五つの様式の提示

後見人等が現実に本人と向き合って実践を行うときに、なんとなくこれらの要素は頭のなかにある場合もあろうかと思います。また、さまざまな努力と労力を費やして本人の意思決定支援を実践している後見人等にとって、結果のみを評価されることに理不尽な思いを感じることもあるでしょう。そのようなときに客観的な根拠をもって実践を行ったという記録を残す必要があります。そのために、本ガイドラインで示された様式を活用することで、自らの実践を言語化し、客観的に振り返ることにもなりますし、本人や関係者に説明する資料として使うことが考えられます。

3. 他のガイドラインや日本社会福祉士会が開発したツールとの関係

本ガイドラインが公表される前にも、国は、各種意思決定支援に関するガイドラインを公表しています。それらを整理した資料が厚生労働省ホームページに掲載されていますのでご参照ください。また、Ｑ６で述べた第二期基本計画においては、意思決定支援の浸透に向けて、各ガイドラインに共通する基本的な意思決定支援の考え方についての議論を進め、その結果を整理した資料を作成し、研修等を通じて継続的に普及・啓発を行う必要があるとされています。

日本社会福祉士会が開発した二つのツール「ソーシャルサポート・ネットワーク分

析マップ」「意思決定支援プロセス見える化シート」（『意思決定支援実践ハンドブック』民事法研究会、2019年）は、本ガイドラインと趣旨を異にするものではなく、後見事務にかかわらず、福祉現場におけるさまざまな意思決定支援に汎用性の高いものですので、合わせて活用されることが求められます。

＜参考＞

・厚生労働省「意思決定支援等に係る各種ガイドラインの比較について」
https://www.mhlw.go.jp/content/000689414.pdf

08 成年後見人等の権限

成年後見人等の職務権限の範囲について教えてください。

A

成年後見人等の権限については、類型および付与された権限の範囲において確認する必要があります。

1. 法定後見の類型による権限の範囲

後見類型では、成年被後見人に関する財産上の法律行為全般についての代理権、財産管理権、取消権が与えられています（民法第120条第１項、第859条）。

保佐類型では、民法第13条第１項に定められている法律行為に関する同意権・取消権、家庭裁判所の審判によって定められた行為に関する同意権・取消権、家庭裁判所の審判で定められた特定の法律行為に関する代理権が与えられています(民法第13条、第120条第１項、第876条の４)。

補助類型では、家庭裁判所の審判で定められた特定の法律行為に関する代理権または同意権・取消権が与えられます（民法第17条、第120条第１項、第876条の９)。

保佐類型、補助類型における代理権および補助類型における同意権の範囲は、申立ての範囲において、家庭裁判所が審判によって定めるものです。そのため、その内容は個別に異なりますので、あくまでもそれぞれに付与されている権限に応じて、できることとできないことを確認することになります。

2. 職務範囲には含まれない事務

立法担当者は、成年後見人等の職務範囲には含まれない事務として、次のものをあげています。

(1) 権限の及ばない行為

❶ 身体の強制を伴う事項

成年後見人等は、成年被後見人等に対して、手術・入院・健康診断の受診などの医療行為の強制や、施設への入所の強制などはできません。成年後見人等は、その職務をあくまでも成年被後見人等の意思の尊重に基づいて行わなければなり

ませんので、入院や施設への入所、教育・リハビリなどを本人の意思に反して強制的に行うことはできません。

❷　一身専属的な事項

臓器移植の同意などの一身専属的な事項は、成年後見人等の権限の及ばない行為とされています。一身専属的な事項には、婚姻、離婚、養子縁組、認知などが含まれます。これらは本人の身上に大きな影響を与える事項であるために、本人の意思のみによってなされるべきものとされており、成年後見人等といえども権限としては与えられていません。医的侵襲行為を伴う医療行為への同意については後見人等に同意や拒絶の権限はありませんが、Ｑ７で述べられた意思決定支援を踏まえ、本人の意思決定支援を尽くすこと、またそれが難しい場合は、「人生の最終段階における医療・ケアの決定プロセスに関するガイドライン」や「身寄りがない人の入院及び医療に係る意思決定が困難な人への支援に関するガイドライン」を参考にして対応する必要があります。

⑵　義務のない行為

現実の介護行為については、成年後見人等の義務はない行為と解されています。これは、生活上介護が必要な成年被後見人等に対して、成年後見人等が自ら介護を行う義務はないということです。しかし、成年被後見人等に介護が必要な場合は、介護・福祉サービスが受けられるよう手配を行うことは身上保護の職務範囲となります。

3. 日用品の購入その他日常生活に関する行為

民法第９条では成年被後見人の法律行為として、「成年被後見人の法律行為は、取り消すことができる。ただし、日用品の購入その他日常生活に関する行為については、この限りでない」と規定されています。保佐についても、民法第13条で保佐人の同意を要する行為から、「第９条のただし書に規定する行為」は除外されています。

自己決定の尊重、ノーマライゼーションの理念から、日用品の購入その他日常生活に関する行為については成年後見人の取消権（保佐人の同意権）の範囲外としていますが、日用品の範囲を定義づけることは困難です。原則として、成年被後見人等の嗜(し)好を配慮したり、余暇活動や趣味の範囲の法律行為を支援することは、成年後見人等の重要な身上保護事務の一つと考えます。日常生活や生活必需品が何かは個々人によって異なるもので、画一的に判断できるものではありません。特に、判断能力が低下し、意思の伝達が十分にできない成年被後見人等には、意思決定支援を尽くしたうえでその人のそれまでの生活から意思を推察し、自己決定を尊重しつつ日常生活にかかわっていくことが重要です。

Q09 成年後見監督人等の職務と権限

成年後見監督人等の職務と権限について教えてください。

A

成年後見人等の監督は、成年後見人等を選任した家庭裁判所が行いますが、必要性を判断し、成年後見監督人等が選任される場合があります。高額な流動資産を管理する場合や、成年後見人等の状況に応じて専門職である監督人の支援が必要と判断される場合、また、地域によっては市民後見人を選任する場合に、市民後見人を登録している社会福祉協議会等が監督人として選任される場合もあります。

1. 成年後見監督人等の職務と権限

民法が規定する法定後見における成年後見監督人等とは、次の①～④の職務を行う者とされています（後見の場合:民法第851条。保佐の場合:民法第876条の３第２項、補助の場合：民法第876条の８第２項で準用）。

① 成年後見人等の事務を監督すること
② 成年後見人等が欠けた場合に、遅滞なくその選任を家庭裁判所に請求すること
③ 急迫の事情がある場合に、必要な処分をすること
④ 成年後見人またはその代表する者と成年被後見人との利益が相反する行為について成年被後見人を代表すること（被保佐人・被補助人については、被保佐人・被補助人を代表し、または被保佐人・被補助人がこれを行うことに同意すること）

これは、必要に応じて家庭裁判所が後見事務の監督を行わせる制度で（後見の場合:民法第863条。保佐の場合：民法第876条の５第２項、補助の場合：民法第876条の10第１項で準用）、任意的な設置機関となっています（民法第849条）。家庭裁判所は、成年被後見人等、その親族もしくは成年後見人等の請求によって、または職権で、成年後見監督人等を選任することができます（民法第849条、第876条の３第１項、第876条の８第１項）。

成年後見人等の配偶者、直系血族および兄弟姉妹は、成年後見監督人等になることはできません（後見の場合：民法第850条。保佐の場合：民法第876条の３第２項、補助の場合：民法第876条の８第２項で準用）。

保佐人および補助人については同意権・取消権のほかに代理権が付与されることがあるために（民法第876条の４、第876条の９）、成年後見監督人と同様に、保佐監督人、補助監督人の制度が設けられています（民法第876条の３第１項、第876条の８第１項）。保佐監督人および補助監督人については、成年後見監督人の規定が準用されることになっています（民法第876条の３第２項、第876条の５第２項、第３項、第876条の８第２項、第876条の10）。

2. 成年後見監督人等の今後の方向性

基本計画では、本人のメリットを実感できる運用改善として、財産管理のみならず、意思決定支援や身上保護も重視すべき、という見解が示されています。これまでの成年後見監督人等に求められる役割は、財産状況のチェックを行うことで、不正防止を徹底させる、ということに重点が置かれていたことは否めません。しかし、そのことが、後見人を萎縮させ、本人が望む財産活用ができなかったことも指摘されているところです。

「最高裁判所と専門職団体との間では、専門職後見監督人に期待される役割について、2019（平成31）年頃から意見交換が行われ、最高裁判所から、専門職団体との間で基本的な考え方が共有されたとして、2019（令和元）年８月、全国の家庭裁判所にその内容が情報提供された」（「東京家庭裁判所後見センターレポートVol.22」2020年より引用）とのことです。そこでは、「専門職後見監督人に期待される役割として、「不正防止の観点」のみならず、より広く不適切な後見事務を防止するため、「後見人を支援する観点」から、後見監督事務を通じて、指導・助言・相談対応を行うという役割が期待される」（同上引用）、とされています。監督人による指導、助言、相談対応の例として、①金融機関に対する財産調査の方法、後見人として必要な届出、保険金請求の方法などについて、②本人が利用可能な行政サービスや転居先の選択などについて、③後見人の家庭裁判所に対する報告書の作成方法について、などが考えられます。

このような監督人の選任が進むと、継続的にかかわるということではなく、後見人が一人立ちできるまでの間の監督であったり、必要時にピンポイントでかかわる監督人という考え方も出てくると思われます。本人にとっても監督人が選任されるメリットが、よりわかりやすくなるのではないでしょうか。

親族後見人や市民後見人に対して、受任経験のある社会福祉専門職が、後見人を育てるという視点から監督人として選任される運用が注目されるものと考えられます。

Q10 利益相反関係

どのような場合に利益相反となりますか。留意点について教えてください。

1. 自己契約・双方代理となる場合

民法第108条では、「同一の法律行為について、相手方の代理人として、又は当事者双方の代理人としてした行為は、代理権を有しない者がした行為とみなす。ただし、債務の履行及び本人があらかじめ許諾した行為については、この限りでない」として、自己契約・双方代理を禁止しています。さらに第２項として、上記のほか、「代理人と本人との利益が相反する行為については、代理権を有しない者がした行為とみなす。ただし、本人があらかじめ許諾した行為については、この限りではない」とされます。

例えば、成年被後見人が所有している土地を成年後見人自身が購入する場合には、これに該当することになりますので注意が必要です。

2. 特別代理人等の選任

成年後見人と成年被後見人との間の利益が相反する行為については、民法第860条において、民法第826条の親権者と子との利益が相反する行為と特別代理人の選任の規定を後見人に準用するとし、後見監督人がある場合は、この限りでないと定めています。したがって、成年後見人と成年被後見人との間で利益相反が生じ、なおかつ成年後見監督人がいない場合は、特別代理人の選任が必要になります。なお、保佐の場合で保佐監督人がいない場合は臨時保佐人（民法第876条の２第３項）、補助の場合で補助監督人がいない場合は臨時補助人（民法第876条の７第３項）の選任が必要となります。

3. サービス提供者とサービス利用者の場合

前記１、２は法律上も明らかに利益相反である場合を民法で規定しているものですが、以下に述べるのは法律上の問題ではなく、社会福祉士の倫理綱領の観点から、利益相反関係となり、問題が生じているという認識が必要です。

例えば、施設職員・介護支援専門員などのサービス提供者が、当該サービス利用者の成年後見人等になる場合は、利益相反関係になると考えられます。

施設を経営する法人あるいは法人に所属する職員などが、現に入所している利用者の成年後見人等に選任されるか否かについては、利益相反関係に配慮して家庭裁判所が判断を示すことになります。法人に所属する職員は、その法人と雇用契約を結び、命令に従って職務を遂行しているわけですから、当然に法人側の利益のために法律行為を行う立場にいるとみられます。入所者の成年後見人等は、その法人および当該施設に所属する者以外の第三者が選任されることが望ましいということができます。

介護支援専門員が、自ら担当する利用者の成年後見人等になる場合も、同様に留意が必要です。介護支援専門員は居宅介護支援事業所に所属し、介護保険サービスを利用しようとする者と契約しケアプランを作成する関係にあります。介護支援専門員は要介護者本人の立場を最大限に尊重する責務があるのは当然ですが、サービス事業所に所属しているため、利用者とは利益が相反する場合もあり得ます。例えば、同じサービスが複数あった場合、自らの所属する事業所のサービスを使う方がコーディネートしやすいため、ほかのサービスと比較することを怠る可能性があります。また、自らの事業所にはないサービスが成年被後見人等に必要である場合に、所属する事業所のサービスで間に合わせ、本当に必要な介護サービスが提供されないということが起こることも考えられます。また、サービス内容に疑問や不満がある場合でも、それを指摘することを避けてしまうこともあり得ます。したがって、成年被後見人等のケアプランを作成する介護支援専門員が成年後見人等になることは、利益相反関係であるという観点から適切とはいえません。

4. 親族・家族間で留意を要する場合

親子など同居の近親者、あるいは推定相続人である親族が成年後見人等になった場合でも、成年被後見人等と成年後見人等との間で利害が対立する場合があります。例えば、親の成年後見人となった子が、成年被後見人である親に代わって施設と入所契約をして、その後、成年被後見人所有の土地・建物を売却して代金を費消する、財産を減らさないために必要な介護サービスを利用しない、また相続にあたって成年後見人等が成年被後見人等の相続分を不利にするような遺産分割協議書を作成するなど、親族・家族間での権利侵害のケースが予想されます。前記2に該当する場合は、特別代理人が選任されますので、問題は生じませんが、日常的な契約行為や身上保護において、本人の意向ではなく成年後見人等である親族の意向が優先されるという懸念が生じる場合もあります。

また、第三者が夫婦双方や親子・兄弟等の成年後見人等になる場合なども、利益相反関係であり、対応に苦慮する可能性を含むものとして留意を要する事例といえます。

それぞれの意思を尊重し、権利を擁護しようとするときに、利害が対立する場面が生じることは起こり得ます。その場合に一人の成年後見人等が常に適切に対処できるかなど、多くの問題点を内包しており留意が必要です。状況や個別の事情も勘案されますが、それぞれに別の成年後見人等が選任されるよう検討してみましょう。

Q11 複数後見

親族や専門職と複数後見を行う場合の留意点は何ですか。

1. 複数後見が想定される場合

例えば財産管理には法律の専門家である弁護士や司法書士があたり、身上保護は社会福祉の専門職である社会福祉士があたるなど、専門職の連携によって後見等が行われる場合が想定されます。あるいは成年被後見人等の日常生活に関する身上保護に関しては同居の家族が担当し、遠隔地にある財産の管理については、そこに在住している親族が担当することも考えられます。専門職と親族等という組み合わせもあるでしょう。

しかし、当然のことながら、複数で後見を行うことが成年被後見人等にとって、真に最善の利益になるということが大前提になければなりません。単に財産管理と身上保護を機械的に分担したり、法律家と社会福祉の専門職の組み合わせにすることが常に最善であるわけではありません。あくまでも成年被後見人等の意思を尊重し、その確認を可能な限り追求した結果でなければなりません。

2. 複数後見人の権限の関係

複数の成年後見人等が選任される場合、原則として複数の成年後見人等のいずれもが単独で、代理権、同意権・取消権を行使することができるとされています。しかし、複数の成年後見人等が権限の行使において、矛盾・抵触などを生ずるおそれのある場合や、成年被後見人等の最善の利益をおびやかすおそれのある場合には、家庭裁判所の審判により、複数の成年後見人等がその権限を共同して行使すべき旨を定めるか、またはその後見事務を分担して権限を行使すべき旨を定めることになります（後見の場合：民法第859条の２第１項。保佐の場合：民法第876条の５第２項、補助の場合：民法第876条の10第１項で準用）。これを「権限の共同行使」「権限の分掌」といいますが、これらの審判がされた場合には、家庭裁判所からの嘱託によって、その旨の登記がなされ、権限の関係が公示されることになります（後見登記法第４条第１項第７号）。

「権限の共同行使」が定められると複数の成年後見人等は、各自が単独で権限を行使することができなくなり、成年後見人等全員の意見の一致が必要となります。「権限の分掌」が定められると複数の成年後見人等はそれぞれの事務についての権限を各々行使することになりますので、権限の矛盾・抵触は生じません。「権限の共同行使」「権限の分掌」の定めがされた後に、それを維持する必要がなくなった場合には、家庭裁判所は職権で、その定めを取り消すことができます（後見の場合：民法第859条の２第２項。保佐の場合：民法第876条の５第２項、補助の場合：民法第876条の10第１項で準用）。

また、複数の成年後見人等がいる場合、第三者の意思表示は、そのなかの１人にすればよいとされています（後見の場合：民法第859条の２第３項。保佐の場合：民法第876条の５第２項、補助の場合：民法第876条の10第１項で準用）。しかし実際には、成年後見人等は成年被後見人等に対する第三者の意思を、成年被後見人等にかかわる重要な情報として把握していなければならない立場にあります。すべての成年後見人等がその情報を把握していないために、適切な対応ができないようなことがあっては、成年被後見人等が不利益を被ることにもなりかねません。ですから、成年後見人等同士が常に連携を図り、同じ情報を共有していることは大変重要です。複数で後見を行う場合であっても、成年被後見人等の立場に立ち、成年後見人等同士の信頼関係と有機的な連携のなかで、与えられた権限を行使していく必要があります。

3. 複数後見を行う場合の留意点

複数後見を行う場合は、以下の点に留意が必要です。

① 審判書で後見事務についての事務分掌がなされている場合でも、成年後見人等同士で、責任範囲、役割分担について十分に話し合いを行い、お互いに自分の事務範囲、責任範囲を確認しておきます。事務の内容については、重なり合う部分があることの確認と、個別事項についていずれの成年後見人等が担当すべきかを確認しておくことが必要です。

② 審判書で後見事務についての事務分掌がなされていない場合、現実の後見事務の遂行にあたっては、それぞれの責任範囲、役割分担に関する話し合いをすることは大切ですが、成年後見人等同士の取決めは、法的な責任範囲限定の効力はありませんので注意が必要です。

③ 家庭裁判所に対する後見事務の報告の仕方、連絡の取り方についても同様で、事務処理上、成年後見人等同士で報告事項を分担する話し合いをすることは問題ありませんが、その話し合いによって、相手の報告事項と決めた事項についても責任を免れるわけではありません。また、家庭裁判所への報告は、報告事項をま

とめたものを連名で報告するよう求められることが一般的です。

④ このため、情報の共有は必要不可欠です。したがって、情報を共有する方法を決めておくことは非常に重要です。

4. 親族との複数後見における留意点

親族と専門職では、後見事務に関する考え方や知識の差はもちろん、本人に対する支援の視点や対応の仕方にかなりの相違点が出てくることが予想されます。そのため、以下のような点に留意する必要があります。

① 知的障害や精神障害をもつ子の親と複数後見をする場合、将来親が亡くなったとき、または親の高齢化により後見事務に支障をきたしたときには、速やかにその事務を引き継ぐ手続をすることが必要です。

② 認知症高齢者の親族と複数後見をする場合、親族の高齢化により後見事務に支障をきたしたときには、速やかにその事務を引き継ぐ手続をすることが必要です。

③ 親族の後見事務の遂行に問題があるとわかったときは、家庭裁判所に相談・報告をして後見事務についての監督・処分を依頼します。それでもなお問題の解決に至らないときは、解任の申立てをすることも考えられます（Q59参照）。後見監督人が選任されている場合は、後見監督人に対して上記の対応を行います。

Q12 法人後見

法人後見の現状と課題について教えてください。

A

1. 法人後見受任の適格性

法人後見は、基本計画においてもその推進が求められていますが、地域差が大きく、取り組みが進んでいない地域も少なくありません。家庭裁判所の選任がなかなか進まない実態もあるようです。

成年後見人等に選任される法人の資格には特別の制限は設けられていません。法人の適格性については、家庭裁判所がその法人の種類および内容、本人との利害関係の有無などを審査したうえで個別的、具体的に判断することになります。成年被後見人等の入所・入院している施設を経営する法人が成年後見人等になることについては、成年被後見人等との利益相反のおそれがあるケースが少なくなく、適格性を欠くとされていることに注意が必要です（Q10参照）。

2. 法人後見の実施状況

法人による成年後見等の実施状況は表のとおりです。

法人後見人等の選任は増加しており、成年後見制度の定着とともにニーズは高まっています。

表 法人後見の実施状況

・件数

平成26年	1,836件	平成30年	2,800件
平成27年	2,006件	令和元年	2,963件
平成28年	2,181件	令和２年	3,489件
平成29年	2,490件	令和３年	3,844件

・選任された法人

社会福祉協議会、その他の法人；

「その他の法人」の方がいずれの年も「社会福祉協議会」の件数を上回っている

注）令和元年は平成31年１～４月、令和元年５～12月

資料：最高裁判所「成年後見関係事件の概況」

現在、第三者の成年後見人等の供給は、その多くを弁護士・司法書士・社会福祉士などの専門職団体によっています。それぞれの団体では、成年後見人等の受け皿として成年後見人等の養成確保や紹介体制が構築されています。

しかし、成年後見の事務は、財産管理から身上保護まで幅が広く、そのニーズも、各人の生活状況や財産状況によってさまざまなものがあります。事案によっては、個人では対応が困難な場合も多く存在します。成年被後見人等がまだ若く後見の期間が何十年にもわたることが想定される場合などは、第三者が個人で後見事務を担うには躊躇いを覚える場合もあります。また、第三者の成年後見人等を必要とする人で資力に乏しく後見報酬を手当てできない場合などは、成年後見人等の引き受け手を見つけにくい場合もあります。法人による成年後見はこのように個人の成年後見人等ではカバーできない場合や、成年後見人等の引き受け手がいない場合の受け皿として考えられてきた経緯があります。

成年後見の困難性や長期性は、複数後見や後見監督人等を選任することでカバーできる場合もあります。同様に、資力の乏しい人の後見制度利用は、成年後見制度利用支援事業を用いて助成を受ける方法もあります（Q68参照）。

後見制度を必要とする人に、どのような後見人が選任されることが望ましいかは本人の状況や意向が尊重されるべきであり、また、後見人の受け皿となる社会資源の状況によっても地域差があると考えられます。重要なことは、選任される後見人（個人であれ、法人であれ）ありきで進めるのではなく、本人の個別の状況を踏まえて、よりふさわしい後見人等が選任されるべきであり、法人後見という選択肢が地域にあることは、社会資源としても求められると考えられます。

3. 法人後見の課題と公的後見制度の必要性

地域においてさまざまな主体による成年後見の受け皿があることは、利用者の状況にあった的確な成年後見人等が選ばれるうえで必要なことです。それぞれの法人が、法人の特色を明確にすることによって、成年後見の対象者や守備範囲を限定することも可能でしょう。さまざまな工夫による法人後見の枠組みづくりがもっと研究されていく必要があります。

しかしその場合も、成年後見制度のもつ特質である継続性と責任を担保できる専門的な知識・能力を備えたコーディネーターや事務遂行者がいること、事務遂行や監督の体制が十分整備されていることなどが必要なことはいうまでもなく、行政や専門職団体との十分な連携が求められます。

最後に、公的後見制度の必要性について述べておきます。成年後見制度は虐待からの保護などの特別の事情により公的機関自体が成年後見人等となり、法定の権限の下に本人の権利擁護のため積極的に関与することが必要な場合があると考えられます。欧米の成年後見制度は、何らかの形で公的後見制度を取り入れています。しかし、日本の成年後見制度は民法改正という手法をとったこともあり、公的後見制度を欠いたものになっています。

前述のように基本計画に則って、自治体が社会福祉協議会に委託する形で、社会福祉協議会による法人後見事業が全国的にも進んできています。しかし、社会福祉協議会は、中核機関を受託することが期待されている機関でもあり、法人後見事業を担うことで本来求められる中核機関としての役割機能の遂行が困難となることも考えられます。また、虐待への緊急介入などを法人後見の枠組みで実施していくには、実施体制上の課題も多いと思われます。成年後見制度の定着とともに、今後、公的後見制度創設の制度改正が望まれます。また、公的後見制度の必要性については、法人後見の実施とともに議論される傾向がありますが、公的後見制度は法人後見の実施とイコールではありません。公的後見制度創設については慎重な議論が必要であるといえます。

13 市民後見人

市民後見人の現状と課題について教えてください。

A

1. 市民後見人が期待される背景

2000（平成12）年に介護保険制度と車の両輪といわれて施行された現行の成年後見制度は、新しく「補助類型」が導入され、判断能力に不安のある人の権利を守るために広く利用されることが想定されていました。制度開始当初は後見人等の約90％を親族が担っていましたが、次第に第三者後見人の割合が増え、2012（平成24）年には親族と第三者の割合が逆転し、2021（令和３）年には親族後見人の割合は約20％、第三者（法人等を含む）後見人の割合は約80％となっています。

第三者後見人の内訳は弁護士、司法書士、社会福祉士といった専門職が約80％を占め、残りを社会福祉協議会等の法人などが担っていますが、今後さらに利用者が増える一方、専門職後見人の担い手が不足してくる状況が見込まれています。必要な人が安心して制度を利用できるようにするには、さらに幅広く多様な担い手が社会に豊富に存在すること、そしてそのなかから本人にとってもっともふさわしい人が後見人等に選ばれることが大切です。

市民後見人はこのような背景からその育成と受任支援が望まれてきました。

2. 市民後見の法的位置づけ

成年後見制度利用促進法の第３条第２項では「市民の中から成年後見人等の候補者を育成しその活用を図ることを通じて成年後見人等となる人材を十分に確保する」とうたわれています。さらに、同法第11条第８号では「地域において成年後見人等となる人材を確保するため」「研修の機会」「情報の提供」「相談の実施」等の支援の充実が必要とされています。

すなわち、市民後見人は同法第１条でいう「財産の管理又は日常生活等に支障がある者を社会全体で支え合う」「共生社会の実現」のために必要な社会資源である、という法的位置づけとなっているのです。

このように、市民後見人は単に後見人の人材不足を補うという位置づけではなく、地域における権利擁護支援の担い手人材として、私たちが目指す地域共生社会を支える人的資源という役割を担っています。

3. 市民後見人の現状と課題

上記のような背景により、各地の自治体や社会福祉協議会等では市民後見人の養成が盛んに行われています。養成研修の内容は権利擁護支援の基本理念や法律・制度の知識、高齢者･障害者の特性理解、実務等となっており、これらの研修を終えた人が、地域の実情に応じて後見人等を担える人材として名簿登録等の方法により選任を待っています。

現状としては地域差がありますが、市民後見人として単独で（あるいは複数で）選任された人の割合は、現在のところ多くはありません。2021（令和３）年の統計によると、後見等開始総数３万9571件中、市民後見人が選任されたのは320件（１％弱）となっています。

一方、市民後見人としての研修を終えた人が、社会福祉協議会等の法人後見の支援員や日常生活自立支援事業の生活支援員として、実際に被後見人等の支援にあたり実務経験を積んでいる人は一定数います。これらの経験を踏まえて、いずれ単独で（あるいは複数で）後見人等として受任し活動できるようになることが望まれています。

今後、市民後見人が社会で活躍するためには、人材育成のための研修体制とフォローアップ、選任されるための名簿登録、裁判所に推薦するためのマッチング機能、ボランティアとは一線を画した報酬のあり方等さまざまな課題があります。各地の自治体や社会福祉協議会、NPO法人ではそれぞれ地域の実情に応じた方法でこれらの課題を解決しています。

先進的な取組事例をあげると、後見センターが申立てを支援する際、２名の市民後見人候補者をあげている例、中核機関を広域連携で立ち上げ、小規模な自治体でも市民後見人の養成から受任後のフォローを可能にしている例、専門職と市民後見人の複数受任で本人によりメリットが感じられるような取組を行っている例、また、市民後見人･親族後見人･専門職後見人が共に語り合う「後見人の集い」を実施している例、そしてもともと活動していた成年後見支援センターを中核機関としてより強化し、市民後見人の養成から活動支援まで一貫して専門職がバックアップして、市民後見人の単独受任を可能にしている例などがあります。

4. 市民後見人の今後の方向性

市民後見人の強みは、市民としての知見や経験を活かして同じ地域に暮らす対象者と生活背景を共にしているという共感がもてること、時間や業務に追われずにじっくり「寄り添い伴走型の支援」が行える余裕があることでしょう。

成年後見人等になるには特に資格や経験は必要ありません。しかし本人や関係者との間に信頼される人間関係を築き、裁判所から選任される人材となるためには、財産管理等の後見事務を確実に行える実務能力、そして本人の意思を引き出し実現できるようにじっくりと寄り添う力（エンパワメント）が求められます。

このような資質を備えた市民後見人は、身近な市民としての知見と豊富な生活経験によって、後見人等としての活動のみならず、地域における権利擁護支援を担う多様で幅広い支え手として、今後その活動が一層期待されます。

＜参考＞

・成年後見センター・リーガルサポート編『市民後見人養成講座　第１巻』民事法研究会、2016年

・厚生労働省令和元年度中核機関の先駆的取組調査研究事業「中核機関の立ち上げ・先駆的取組事例集」（事務局：公益社団法人日本社会福祉士会）

・最高裁判所「成年後見関係事件の概況―令和３年１月～12月―」

Q14 中核機関のあり方

中核機関とは、すべての基礎自治体に設置されているのでしょうか？　どのような役割や機能があるのでしょうか、教えてください。

中核機関は、基本計画に位置づけられた機関です。当初は、第一期基本計画終了（2022（令和４）年３月）までに全1741市区町村に設置されることが目標とされましたが、まだ未設置の市区町村もあります。そのため、第二期基本計画においては、中間年にあたる2024（令和６）年度末までに全市区町村に中核機関を整備することを目標としてあげています。

1. 中核機関とは

国の第一期基本計画においては、地域連携ネットワークは、本人を後見人と共に支える「チーム」と、地域における「協議会」等という二つの基本的仕組みを有するものとされ、こうした地域連携ネットワークを整備し適切に協議会等を運営していくために、「中核機関」が必要であるとされています。

2018（平成30）年度厚生労働省社会福祉推進事業により作成された「市町村成年後見制度利用促進基本計画策定の手引き」によると、中核機関とは、専門職による専門的助言等の支援の確保や、協議会の事務局など、地域連携ネットワークのコーディネートを担う機関であると記されています。基本計画では、地域の実情に応じて、市町村等が設置している「成年後見支援センター」や「権利擁護センター」など既存の取組も活用しつつ、市町村が整備し、その運営に責任をもつことが想定されています（市町村直営または委託等）。さまざまなケースに対応できる法律・福祉等の専門知識や、地域の専門職や幅広い関係者との信頼関係を維持発展させ、円滑に協力を得るノウハウ等を段階的に蓄積しつつ、地域における連携・対応強化を継続的に推進していく役割を担うことが求められています。基本計画では、中核機関自ら担うべき業務の範囲については、地域連携ネットワークの関係団体と分担するなど、各地域の実情に応じて調整されるものとされており、一つの機関ですべての機能を満たさなければならないわけではない、としています。

2. 中核機関の役割・機能

2017（平成29）年度厚生労働省老人保健事業推進費等補助金事業により作成された「地域における成年後見制度利用促進に向けた体制整備のための手引き」（事務局：公益社団法人日本社会福祉士会）では、中核機関の役割を以下のように整理しています。

① 【司令塔機能】：地域の権利擁護支援・成年後見制度利用促進機能の強化に向けて、全体構想の設計と、その実現に向けた進捗管理・コーディネート等を行う。
② 【事務局機能】：地域における「協議会」を運営する。
③ 【進行管理機能】：地域において「三つの検討・専門的判断」を担保する。

3. 三つの検討・専門的判断

2で示された役割のうち、③の「三つの検討・専門的判断」を担保する会議体を構築、運営することがとても重要です。「三つの検討・専門的判断」とは、

① 権利擁護支援の方針についての検討・専門的判断
② 本人にふさわしい成年後見制度の利用に向けた検討・専門的判断
③ モニタリング・バックアップの検討・専門的判断

であり、これらを通じ、中核機関は、個別のチーム（本人や後見人と、両者の活動等を身近で支援する関係者）に対する専門職等によるバックアップ（困難ケースのケース会議等を含む）を担保します。これらの検討・専門的判断は、主に日常生活圏域から自治体圏域で行われることが想定されますが、専門性の高い問題等については、さらに広域での検討・判断が必要な場合もあります。

4. 地域連携ネットワーク（協議会）の運営

協議会は、成年後見等開始の前後を問わず、「チーム」に対し法律・福祉の専門職団体や関係機関が必要な支援を行えるよう、各地域において、専門職団体や関係機関が連携体制を強化し、各専門職団体や各関係機関が自発的に協力する体制づくりを進める合議体です。「地域連携ネットワーク」の機能・役割が適切に発揮・発展できるよう、専門職団体など地域の関係者が連携し、地域課題の検討・調整・解決に向け継続的に協議する場になります。中核機関がその事務局を務めます。中核機関や地域連携ネットワークの活動をサポートするとともに、それらの活動のチェック機能も担います。主に自治体圏域から広域圏域で設立運営されます。

図 権利擁護支援の地域連携ネットワークづくり

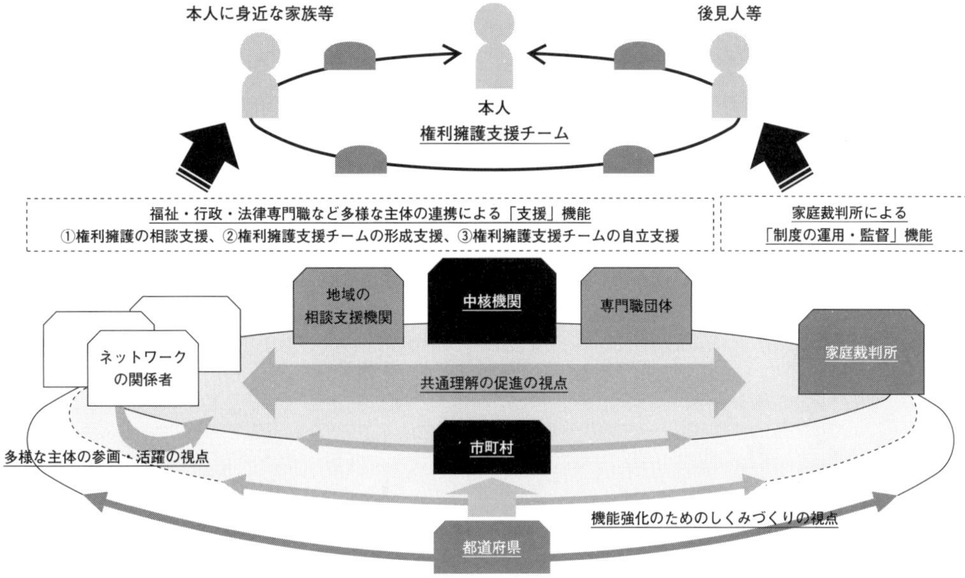

出所：厚生労働省「第二期成年後見制度利用促進基本計画の策定について」より抜粋

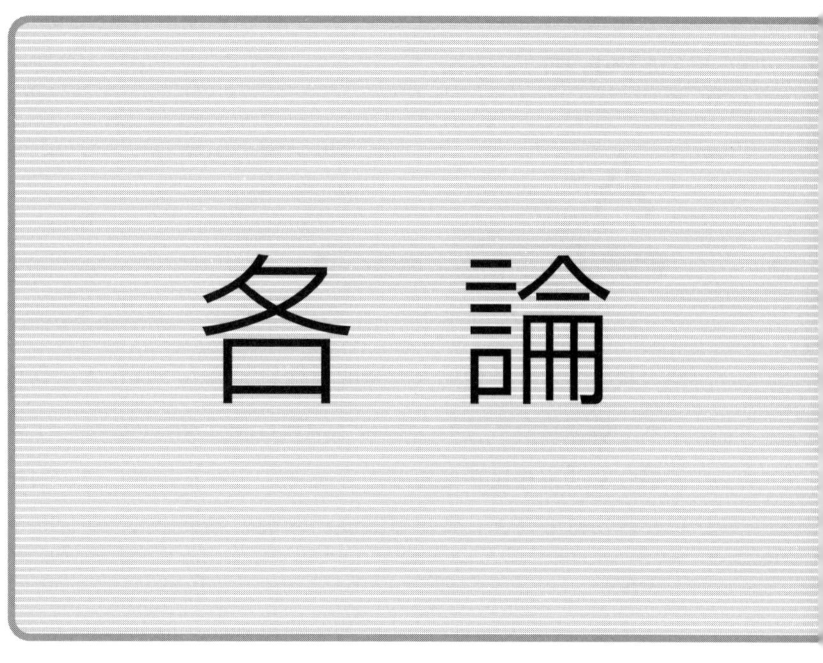

各　論

 15 法定後見開始の申立て手続き

法定後見は誰が申立てをするのですか。申立ての手続きはどのようにすればよいのでしょうか。

A

1. 誰が申立てをするのか

法定後見開始の審判の申立てを行うことができるのは、「本人・配偶者・四親等内の親族・未成年後見人・未成年後見監督人・保佐人・保佐監督人・補助人・補助監督人・検察官」とされています（民法第７条）。また、任意後見契約が締結されている場合で法定後見が必要であると考えられるときには、「任意後見受任者・任意後見人・任意後見監督人」も後見開始の審判を請求することができます（任意後見法第10条第２項）。

また、「老人福祉法」「精神保健福祉法」「知的障害者福祉法」により、「その福祉を図るため特に必要があると認めるとき」に認知症高齢者・精神障害者・知的障害者に関する後見等の開始の審判について市町村長（特別区の区長を含む。以下同じ）に申立権が付与されています（老人福祉法第32条、精神保健福祉法第51条の11の２、知的障害者福祉法第28条）（Q18参照）。

2. 申立ての手続

申立ては、申立人が、家庭裁判所に申立書を提出することで行います。

申立書の表紙には後見開始、保佐開始、補助開始をチェックする項目があります。法定後見を必要とされている方の状況に合わせて所定の事項を記載して申立書を作成します。申立書は、家庭裁判所にあります。後見ポータルサイトからもダウンロードができます。

保佐人および補助人に対し特定の行為について代理権の付与を求める場合、保佐開始の審判または補助開始の審判の申立てとともに、必要な代理行為を検討し代理行為目録の所定項目をチェックし必要な事項を記載します。本人の状況に応じて審判後追加的に代理権付与の審判を求める申立てが必要になることもあります。

被保佐人が民法第13条第１項に掲げられていない行為をするのに保佐人の同意を必

要とする場合、および被補助人が特定の法律行為をするのに補助人の同意を必要とする場合は、保佐開始の審判もしくは補助開始の審判の申立てとともに、必要な同意項目を検討し同意行為目録の所定項目をチェックし必要な事項を記載します。なお、保佐の場合は所定の行為について一律に同意権・取消権が付与されていますので、申立書にある同意行為目録の民法第13条第１項各号所定の行為（第１号〜第10号）については不要とされています。申立ての趣旨には具体的内容を記載できるようになっています。本人の状況に応じて、審判後追加的に同意権付与の審判を求める申立てが必要になることもあります。なお、代理行為および同意行為の内容は、本人の同意を踏まえたうえで、最終的に家庭裁判所が判断します（Ｑ55参照）。

申立てを受けた家庭裁判所では、本人、申立人などの関係者に調査を行いますが、申立書の記載に際して、書式には記入欄はないものの特に伝えておきたい事項（例えば親族間のトラブルや虐待の存在など）がある場合は、調査官の調査まで待たずに申立書の欄外などに記入しておくことも一つの方法です。特にトラブルがある場合は家庭裁判所があらかじめその存在を知っていることで調査時に配慮することが可能になります。しかし、申立書類は開示請求の対象となっているため、申立書類を閲覧することができる利害関係者は、前記のような対応をとっていても、非開示とはならない可能性もありますので、注意が必要です。申立て後は、審判される前であっても、公益性や本人保護の見地から、家庭裁判所の許可を得なければ申立てを取り下げることはできません（家事事件手続法第121条）。

申立ての方法などがよくわからない場合には、家庭裁判所の手続相談を利用することも可能です。家庭裁判所の手続相談は、主に家庭裁判所での手続に関することを対象にした相談です。申立てに関する一般的な情報等は地域の中核機関等に相談することができます。添付書類としては、2020（令和２）年より全国統一書式となっている申立書に記載されている以下の資料があげられます。審理のために必要な場合は、追加書類の提出を依頼されることがあります。

① 本人の戸籍謄本（全部事項証明書）

② 本人の住民票または戸籍附票

③ 成年後見人等候補者の住民票または戸籍附票（成年後見人等候補者が法人の場合には、当該法人の商業登記簿謄本（登記事項証明書））

④ 本人の診断書

⑤ 本人情報シート写し

⑥ 本人の健康状態に関する資料（介護保険認定書、療育手帳、精神障害者保健福祉手帳、身体障害者手帳などの写し）

⑦ 本人の成年被後見人等の登記がされていないことの証明書

⑧　本人の財産に関する資料（□預貯金および有価証券の残高がわかる書類：預貯金通帳写し、残高証明書など、□不動産関係書類：不動産登記事項証明書（未登記の場合は固定資産評価証明書）など、□負債がわかる書類：ローン契約書写しなど）

⑨　本人が相続人となっている遺産分割未了の相続財産に関する資料

⑩　本人の収支に関する資料（□収入に関する資料の写し：年金額決定通知書、給与明細書、確定申告書、家賃･地代等の領収書など、□支出に関する資料の写し：施設利用料、入院費、納税証明書、国民健康保険料等の決定通知書など）

⑪　同意権、代理権を要する行為に関する資料（契約書の写しなど）（保佐または補助開始の申立てにおいて同意権付与または代理権付与を求める場合）

⑫　成年後見人等候補者が本人との間で金銭の貸借等を行っている場合にはその関係書類（後見人等候補者事情説明書４項に関する資料）

なお、手続きの方法や必要な書類は、申立てをする家庭裁判所へ確認しましょう。中核機関等へ相談することもできます。また、個人番号（マイナンバー）が記載されている書類は提出しないように注意してください。

3. 審判前の保全処分

審判前の保全処分とは、後見開始の審判等の申立てがあった場合において、申立てまたは職権により家庭裁判所が、本人の財産の保全のために特に必要があると認めるときに、後見開始の審判等の申立てについての審判が効力を生ずるまでの間、すなわち開始の審判がなされて不服申立てがされず、または不服申立てに対する判断がされて審判が確定する前の期間、財産管理者を選任し、本人の財産上の行為について後見、保佐または補助を命ずるという処分のことです。この処分のことを後見命令、保佐命令、補助命令といいます。

後見命令、保佐命令、補助命令があったときは、後見開始の審判、保佐開始の審判、補助開始の審判の申立てからその確定までの間、財産管理者の同意を得ないで行った行為について取消しができます。財産管理者は成年後見人等の地位を得るわけではありません。したがって財産の処分行為はできません。ただし、権限外行為の許可の申立てをして、これが家庭裁判所に認められれば財産管理の範囲を超えて行為ができます（家事事件手続法第126条、民法第27～29条）。

審判前の保全処分の申立権者は、後見開始の審判等の申立権者と同様です。

＜参考＞

・最高裁判所「後見ポータルサイト」

https://www.courts.go.jp/saiban/koukenp/index.html

・最高裁判所「後見・保佐・補助開始の審判の申立てについて」

https://www.courts.go.jp/vc-files/courts/2020/koukentousyoshiki/R0204koukentoukaishinomoushitatenitsuite.pdf

・「令和4年4月　後見・保佐・補助開始申立ての手引き」東京家庭裁判所後見センター 東京家庭裁判所立川支部後見係

⑯ 本人情報シート

本人情報シートはどうして誕生したのでしょう。また、どのように活用されるものなのでしょうか。

A

1. 本人情報シート誕生の経緯

Q 6に記載したように、基本計画のポイントは、①利用者がメリットを実感できる制度・運用の改善、②権利擁護支援の地域連携ネットワークづくり、③不正防止の徹底と利用しやすさとの調和、の3点です。「本人情報シート」は①の考え方から最高裁判所が関係機関と協議連携し検討されてきたものであり、その作成のためには本人の意思決定支援を前提とした②の地域のなかでの本人を支える連携ネットワークが不可欠です。そして①や②の仕組みが構築され、その体制が整備された地域においては③のポイントも実現できると考えます。

最高裁判所は、全国的に統一した診断書の書式を検討するに際して、成年後見制度利用促進法が誕生した一つのきっかけでもあった、国際条約である障害者権利条約に謳われた「支援を受けた本人の能力」という考え方を取り入れました。2019（平成31）年4月から新しくなった診断書の書式には、意思決定支援の考え方を踏まえ、「支援を受けて契約等の意味・内容を理解・判断できるか」との表現に改定されました。さらに、判定の根拠を明確化するため、①見当識、②他人との意思疎通、③理解力・判断力、④記憶力の4項目について記載欄を新設しています。

このように診断書を改定するにあたっては、医師が診察時だけの情報で記載するのではなく、本人の日常生活でのさまざまな場面における意思決定のあり方や支援の提供のされ方、また、それを本人がどのようにとらえているかを判断するための情報提供が必要となったのです。こうした経緯から「本人情報シート」は誕生しました。

2. 本人情報シートの活用場面

(1) 申立て前の成年後見制度の利用の適否に関する検討資料として

成年後見制度の申立ては、多くの場合は申立てのタイミングをどう考えたらよいのか、必要性の判断をどう考えたらよいのかという検討から始まります。これ

までかかわってきた高齢者に認知症が発症し、徐々に進行していくなどという場合も多くありますし、知的障害者の親が高齢化し、いつ制度の利用を検討するのかということもあります。精神疾患のある方については、自分でできるときと、状態が悪化し多くの支援が必要となるときの状態の変化の幅が広く、また、その期間も長かったり短かったりと、安定しない状況があります。

このように、成年後見制度の利用が必要なのかどうか、また、他の支援体制で本人をしっかりと支えていくことができるのかどうか、という「権利擁護支援の方針についての検討・専門的判断」（Q14参照）において、相談を受け付けてアセスメントをし、支援方針を検討する場面でも大いに活用できます。つまり、成年後見制度の申立てありきではなく、申立てが必要なのかどうか、それは今なのか将来においてなのか、本人のできること、本人の意向はどうだろうか、ということを丁寧にみていくプロセスとして重要だということです。

⑵　家庭裁判所における成年後見人等の選任のための検討資料として

実際に申立てがされた後も、「本人にふさわしい成年後見制度の利用に向けた検討・専門的判断」（Q14参照）において、後見人等による支援内容や適切な候補者など、申立てにあたっての準備や役割分担を検討する際にも活用できます。ふさわしい後見人等の選任のためには本人と候補者が事前に会うというプロセスも外すことができません。このようにして推薦された候補者であれば、家庭裁判所も成年後見人等を選任することにおいて根拠をもって明確に判断できるということです。

⑶　従前の後見事務の検証と今後の事務方針の策定のための資料として

基本計画で提示されたことを具体化するためには後見制度につながった後のモニタリングが重要です。これまで実施されてきた財産状況の確認だけではなく、身上保護における見直しが本人にとっては重要であることがようやく指摘され始めました。「モニタリング・バックアップの検討・専門的判断」（Q14参照）における後見人等を含むチームへの支援内容や後見人の交代、類型や付与された権限の範囲の見直しなどを検討することが可能となります。

これまでは、成年後見人等が選任されたのだから、通常の支援関係者はさまざまな判断を成年後見人等に任せておけばよい、と思ってしまい、支援関係者が本人から見えなくなってしまうこともありました。基本計画における権利擁護支援のための地域連携ネットワークづくりは、このような事態にならないよう、後見制度を利用した人が孤立してしまわないよう、引き続きチームで本人の意思決定支援等を支える体制を維持（あるいは再構築）するということです。後見制度を利用したからといって、本人は二度と自分で何かを決定したり実行したりすることができなくなるわけではありません。そして本人以外の第三者である成年後見人等が本人に代わって行為をなすことができる状態になった場合は、常にその見直しをしていかなければ、成年後見人等によるやりすぎ、越権行為が生じてしまう危険性が高くなっているともいえます。また、後見制度を利用することで本人の資産が本人のために適切に活用でき、生活の質が向上し、関係性が豊かになり、本人がこれまで難しいと思われていたことが、そうではなく本人の意思や意向が明確に表出され、本人の能力が引き出されるということにつながります。また、本人と成年後見人等の関係性も固定化したものではなく、状況が変わってくることによって変化していきます。その変化を把握するために、本人情報シートが活用されることが望まれます。

3. 本人情報シートの活用の推移

医師の診断書の改定とともに2019（平成31）年４月より本人情報シートの運用が開始されました。2019（令和元）年７月から９月の間の本人情報シートの提出率は53.0％でしたが、2021（令和３）年４月から６月の提出率は85.4％だったとのことです。最高裁判所としても、想定以上の普及がなされていると高く評価しています。

一方で、本人情報シートを記載することが想定されているのは、本人にこれまでかかわってきた福祉関係者（社会福祉士・精神保健福祉士等のソーシャルワーカー）ですが、実際に記載している立場や職種については本人情報シートの記載内容とあわせて精査が必要と考えられます。

本人情報シートは、医師の診断が後見相当という類型に偏りがちであったことを反省点として誕生したものですから、本人のできるところ、強み（ストレングス）がしっかりと記載されることと、関係者や支援者が考える課題ではなく、本人を主体としてとらえられるニーズとそこに成年後見人等がどのように取り組むことが求められるかを記載する必要があります。また、成年後見制度を利用することについて、本人にわかりやすく説明し、そのことについての本人の意向を記すことも重要です。

＜参考＞

- 「成年後見制度利用促進専門家会議　第２回福祉・行政と司法の連携強化ワーキング・グループ」（令和３年９月９日）資料２　最高裁判所資料
- 最高裁判所「本人情報シート作成の手引」

Q17 申立てにかかる費用と負担

成年被後見人等に資力がある場合でも、申立てに関する費用は申立人が負担しなければなりませんか。

1. 申立てにかかる費用

申立ての際には、申立人が①申立費用や②登記嘱託費用、③通信用の郵便切手を予納する必要があります。

(1) 申立費用

申立ての際には、申立人が申立手数料（1件につき800円）を予納する必要があります。申立ての件数は、例えば、補助開始の申立てで特定の代理権を付与する場合、補助開始の審判で1件、代理権の付与の審判で1件、計2件という数え方になりますので注意してください（同意権・取消権を付与する場合は、さらに同意権・取消権付与の審判（1件）がプラスになります）。

(2) 登記嘱託費用

審判の確定後、家庭裁判所から法務局に審判の内容を嘱託する費用として、申立費用とは別に2600円分の収入印紙が必要です。

(3) 通信用の郵便切手

審理中の通信費用となります。不足の場合、追加を求められることがあります。各家庭裁判所管内によって異なりますが、後見開始申立ての場合：約3700円分、保佐・補助開始申立ての場合：約4800円分が必要となります。なお、内訳は各家庭裁判所によって異なりますのでご確認ください。

（2022（令和4）年4月現在）

2. 申立費用の負担

原則として申立ての手続費用は申立人の負担となります（家事事件手続法第28条第1項）。しかし、事情がある場合には、申立人が通常であれば負担すべき手続費用の全部または一部について、家庭裁判所が申立人以外の利害関係者等に負担させることができるとされています（家事事件手続法第28条第2項）。

申立ての手続費用を成年被後見人が負担することは例外的場合となりますので、必ず費用負担の裁判をすることになっています（家事事件手続法第29条）。手続費用を本人負担とする旨の審判があった場合でも、その具体的金額は、成年後見等開始審判の確定後に、申立てにより家庭裁判所の書記官が定めることになっています。

成年後見等審判開始の申立書には、家庭裁判所に対して手続費用負担を本人に求めるか否かの確認項目があります。成年被後見人等（本人）に申立手続費用の負担を求める必要がある場合には申立書の確認項目にチェックを入れることで申立手続費用の上申をすることができます（申立書書式令和３年４月版）。

＜参考＞

・最高裁判所「後見ポータルサイト」
https://www.courts.go.jp/saiban/koukenp/index.html

・第一東京弁護士会成年後見センター編『QA成年後見の実務』新日本法規、218ノ２頁、218ノ３頁

Q18 市町村長申立て

申立人が見つからないときはどうしたらよいでしょうか。

1. 市町村長による法定後見開始申立て

必要な方が適切に制度につながるために、四親等内の親族がいないなどの理由により市町村長申立ては活用されます。具体的には、市町村長は、65歳以上の者、精神障害者、知的障害者について、「その福祉を図るため特に必要があると認めるときは、補助開始、保佐開始、または後見開始の審判の請求をすることができる」とされました。この規定は、民法ではなく、民法改正に伴う関連法の整備で改正がなされた老人福祉法第32条、精神保健福祉法第51条の11の２、知的障害者福祉法第28条で規定されています。

では、市町村長はどういう場合に「福祉を図るため特に必要があると認められるとき」として申立てを行うのかについてですが、通常、次のことを指すとされています。

① 本人に配偶者または四親等内の親族がいない場合

② これらの親族があっても音信不通の状況にあるなどの事情や虐待の疑い、虐待されているなど親族の支援が得られず審判の申立てが期待できない場合

市町村長申立てに先立って市町村が親族を捜す場合は、必ずしも四親等までではなく、二親等まででよいとの通知が厚生労働省より出ていますので、事案によって専門職の助言を受けるなどの対応が求められます（「市町村長による成年後見制度に基づく後見開始の審判等の請求に係る基準等の基本的考え方及び手続の例示について」(平成12年３月30日障障発0330第11号・障精発0330第21号・老計発0330第13号）最終改正：令和３年11月26日現在)。

市町村長申立ては、2017（平成29）年に「成年後見制度利用促進基本計画」が決定され、近年、成年後見制度に対する関心が高まっていることと、民生委員や福祉関係者から中核機関等、福祉事務所、相談支援事業所、地域包括支援センターや保健所などに寄せられた情報に基づいて積極的になされるものと期待されています。最高裁判所が発表した2021（令和３）年に市区町村長が申立てたものは全国で9185件です。申立人全体の約23.3％を占め、本人と申立人の関係では市区町村長が申立人になってい

る割合が最も多くなりました。しかし、「家庭裁判所管内別総数、市区町村長申立件数・割合」をみると、50ある管轄区域で市区町村長申立ての割合は約10％から約46％と地域の隔たりも見受けられます。今後も市町村長の申立てが多くなることが想像されます。実施状況にみられる市区町村間での格差がなくなり、どの地域においても必要な人に同じような申立て体制や相談体制が整備され、福祉関係者などに成年後見制度が十分に理解される必要があります。高齢者関係では、2001（平成13）年度から市町村が成年後見制度の利用が必要な低所得の高齢者に係る成年後見制度の申立て等の経費（申立手数料、登記手数料、鑑定費用など）や後見人・保佐人等の報酬の一部等を助成する事業が実施されています（2021（令和３）年度の負担割合は、国38.5／100、都道府県19.25／100、市町村19.25／100、１号保険料23／100）。また、障害者関係では、2006（平成18）年度に創設され、2012（平成24）年度から市町村地域生活支援事業の必須事業化として、成年後見制度の申立てに要する経費（登記手数料、鑑定費用等）および後見人等の報酬等の全部または一部を補助する事業があり、市町村事業の補助率は国１／２以内、都道府県１／４以内となっています（Q68参照）。

2. 市町村長申立て基準に関する基本的な考え方について

対象者の権利擁護支援が迅速に行われることによって、本人の利益が尊重されることが何より重要です。住所と居所が異なる市町村である場合における審判請求の申立ては、原則として、①生活保護の実施機関、②入所措置の措置権者、③介護保険の被保険者、④自立支援給付の支給決定市町村、等となる市町村が原則的に審判請求を行うこととする考え方が示されています。

また、本人の状況によっては、複数のサービスを利用し、保険者市町村と支給決定市町村が異なる場合や、長期入院患者の場合等のような場合については、次に示す対応が検討されています。

①生活保護を受給しながら、介護保険サービス、障害福祉サービスを利用している場合または医療機関に入院している場合⇒生活保護の実施機関（都道府県が実施機関である場合を除く）、②措置を受けて介護保険サービスまたは障害福祉サービスを利用している場合⇒措置の実施機関（措置から契約に切り替わった場合を除く）、③住所地特例（居住地特例）対象施設に入所し、介護保険サービスと障害福祉サービスを双方利用している場合⇒対象者の生活の維持にとってより中心的であるサービスを所管する市町村（保険者または支給決定市町村）、④生活保護を受給せず、介護保険サービス、障害福祉サービスの利用もない場合⇒本人の居住地のある市町村。ただし、長期入院患者の場合は、本人が退院後必ず入院前の居住地に居住することが予定されているときは、入院前の居住地の市町村が申立てを行うこと、を原則としつつ、これに

よりがたい場合は、本人の状態像や生活実態等を把握しながら、市町村として申立てだけではなく、受任調整や成年後見制度利用支援事業でのかかわりがあることも考慮しながら、申立て市区町村を決定していくことが求められています。

＜参考＞

・最高裁判所「成年後見関係事件の概況―令和３年１月～12月―」

・厚生労働省社会・援護局地域福祉課成年後見制度利用促進室「成年後見制度の利用の促進に関する施策の実施の状況（令和３年３月）」スライド26、30
https://www.mhlw.go.jp/content/000839218.pdf

・「市町村長による成年後見制度に基づく後見開始の審判等の請求に係る基準等の基本的考え方及び手続の例示について」（平成12年３月30日障障発0330第11号・障精発0330第21号・老計発0330第13号）最終改正：令和３年11月26日現在

Q19 申立て後の審判、確定、登記の流れ

申立て後、成年後見人等候補者に対して家庭裁判所で行われる調査とはどのようなものですか。申立て後、家庭裁判所で行われる手続きについても教えてください。

1. 成年後見人等候補者に対する調査

家庭裁判所が成年後見人等を選任する際の考慮すべき事情には、どのような事柄があるかについて確認しておきたいと思います（後見の場合：民法第843条第４項。保佐の場合：民法第876条の２第２項、補助の場合：民法第876条の７第２項で準用）。

① 本人の心身の状態ならびに生活および財産の状況

② 成年後見人等の候補者の職業および経歴（成年後見人等の候補者が法人であるときは、その事業の種類および内容）

③ 成年後見人等の候補者と本人との利害関係の有無（成年後見人等の候補者が法人であるときは、その法人およびその代表者と成年被後見人等との利害関係の有無）

④ 本人の意見

⑤ その他一切の事情

なお、申立書様式にある「申立事情説明書」にも、①本人の状況について、本人の生活場所、略歴、病歴、福祉の認定の有無、日常・社会生活の状況（本人情報シートの内容）を確認する項目や②申立てに対する本人の意見、③本人の推定相続人、④支援を受けた福祉機関・中核機関の有無、⑤成年後見人等候補者がいる場合にその人が後見人等にふさわしい理由を記載することになっています。「後見人等候補者事情説明書」は申立書と合わせて、候補者がいる場合に記載し提出する書類になります。それには、①候補者の生活状況、健康状態、経歴など（法人が候補者の場合は不要）、②後見人の欠格事由（民法第847条）の該当の有無、③候補者と本人の日常の交流状況、④候補者と本人との間で、金銭の貸借、担保提供、保証、立替関係の有無、⑤候補者となった経緯や事情、⑥本人の財産管理と身上保護の今後の方針、計画、⑦成年後見人・保佐人・補助人の選任の手続きについて、⑧成年後見人・保佐人・補助人の役割

および責任について確認することになっています。

これらを踏まえて、家庭裁判所では成年後見人等の候補者に対して、調査官による面接を実施するなどして、特に以下の点に関して調査を行います。まず、成年後見人等の候補者が現在どのような職業に就いているのか、また、これまでの経歴（学歴や職歴など）はどのようなものであるかについて把握するための質問がなされます。さらに関連して収入状況などの経済面についても聞かれます。重要な後見事務を担うという職責を遂行できる人物かどうかといった信頼性と、後見事務の内容に関して専門性を兼ね備えているかどうかといった適格性などを面接を通して確認します。法人の場合は、法人の事業の種類や内容などの説明を受けて、法人として前記の内容について満たしているか判断します。

次に、成年後見人等の候補者と本人および申立人や親族との利害関係、面識の有無について質問がなされます。例えば、成年後見人等と本人との利害が対立していないか、利益相反の関係にないかなど、詳しく説明が求められます。特に福祉関係者が成年後見人等の候補者になる場合には、本人の利用している福祉サービスの提供者となっていないか、利害関係が生じないかなどに焦点があてられます。

さらに、成年後見人等の候補者自身が後見事務に関してどのような意見をもっているのかなどについて質問がなされます。例えば、後見事務を遂行可能な地域であるのか、時間的にどの程度後見事務が可能なのか、後見事務を遂行する意志があるのかなどをあげることができます。

一方、成年後見人等の候補者の側からも後見事務に関して疑問点や不明点を質問することも可能です。そのようなやりとりのなかから、成年後見人等の候補者自身が後見事務に関してイメージし、その責務を自覚することが大切です。

主にこのような内容の調査がなされますが、事案によってはさらに必要な事情に関して調査を受けることがあります。そして、それらに基づき、家庭裁判所は候補者が成年後見人等として適任か否かの判断をします。

成年後見制度利用促進法の基本計画に基づき、市区町村にある中核機関等が申立て相談に応じながら、成年後見制度を利用するための手続き、必要な書類、成年後見人等の候補者の確保等、適切な候補者とのマッチングを進めている地域も増えています。

2. 申立てから登記までの流れ

一般的には図のような流れになります。

図 申立てから登記までの流れ

①申立て準備 → ②申立書提出・申立て（面接予約）
→ ③審理（書類審査、面接、親族への意向照会、鑑定、本人・候補者調査）
→ ④審判 → ⑤即時抗告 → ⑥確定 → ⑦登記

申立書の提出の仕方、予約必要の有無、調査の時期などは、実際に申立てを行う家庭裁判所で確認をしてください。

審判が下りると、審判書が関係者に送付されます。関係者全員が受領した日から2週間が、即時抗告（不服申立て）の期間となります。即時抗告は開始の審判に対してはできますが、成年後見人等の選任については家庭裁判所の職権により行われるため、不服申立てできません（Q20参照）。

即時抗告の期間が過ぎると審判は確定します。審判の内容は家庭裁判所からの手続きで、東京法務局へ登記されます。登記の手続きが完了するまでに2週間ほどかかります。

<参考>

- 最高裁判所「後見ポータルサイト」
  https://www.courts.go.jp/saiban/koukenp/index.html
- 最高裁判所「後見・保佐・補助開始の審判の申立てについて」
  https://www.courts.go.jp/vc-files/courts/2020/koukentousyoshiki/R0204koukentoukaishinomoushitatenitsuite.pdf
- 「令和3年4月　後見・保佐・補助開始申立ての手引き」東京家庭裁判所後見センター東京家庭裁判所立川支部後見係

Q20 不服申立て（即時抗告）

成年後見に関する家庭裁判所の審判に対する不服申立ての方法について説明してください。

成年後見に関する家庭裁判所の審判に対する不服申立ての手続は、いずれも、審判をした家庭裁判所の管轄区域を管轄する高等裁判所に対する「即時抗告」です。

即時抗告の期間は、即時抗告をすることができる者が家庭裁判所から審判の告知を受けた日から２週間です（家事事件手続法第86条）。法定後見の開始の審判については、審判を受ける者に告知があった日および成年後見人等に選任される者に対する告知があった日のうち、最も遅い日から２週間です（家事事件手続法第123条第２項）。

即時抗告の申立ては、審判をした家庭裁判所に対し、即時抗告申立書（即時抗告の抗告状（認容審判に対する不服））を提出する方法により行います。即時抗告申立書の書式は、家庭裁判所のホームページからダウンロードする等して取得もできます。即時抗告申立書には、申立ての趣旨（即時抗告の対象となる審判を特定し即時抗告をする旨を明らかにする）（家事事件手続法第87条第２項）および即時抗告の理由を明確に記載し、証拠書類がある場合には、その写しを添付します。具体的な方法は、家庭裁判所に相談してください。

しかし、成年後見人等の選任の審判や報酬および後見制度支援信託・支援預貯金契約の締結については、不服申立て（即時抗告）の規定はありませんので、規定上、即時抗告が認められていません（家事事件手続法第85条）。そのため、誰を成年後見人等に選任するかという点については、不服申立てをすることができません。

＜参考＞

・第一東京弁護士会成年後見センター編『QA成年後見の実務』新日本法規、240頁、240ノ１頁
・最高裁判所「即時抗告の抗告状（認容審判に対する不服）」
https://www.courts.go.jp/saiban/syosiki/syosiki_kazisinpan/syosiki_01_63/index.html

・最高裁判所「後見ポータルサイト」

https://www.courts.go.jp/saiban/koukenp/index.html

Q21 登記事項証明書

自分が成年後見人等であることを証明するものはありますか。

A

1. 登記事項証明書

通常は登記事項証明書を用います。

現在の成年後見制度では、旧法における戸籍記載という形式による公示制度を改めて、後見登記制度がつくられました（後見登記法）。

この制度は、後見・保佐・補助の法定後見制度と任意後見制度の利用者の事項、成年後見人の権限や任意後見契約の内容を登記し、その内容を本人や成年後見人などの限られた方からの請求に基づいて、登記官が発行する「登記事項証明書」によって開示するものです。なお、未成年後見、保護者選任・特別代理人等選任の審判についでは成年後見登記制度の対象外となります。

登記ファイルには、後見等の開始等および任意後見契約締結による後見登記等の申請を受けて作成される「後見登記等ファイル」と、成年被後見人等の死亡その他の事由による終了登記の申請を受けて作成される「閉鎖登記ファイル」があります（後見登記法第４条、第５条、第６条、第８条、第９条）。登記に関する証明書には、①後見登記等ファイルに記録されている事項についての証明書（「登記事項証明書」）、②閉鎖登記ファイルに記録されている事項についての証明書（「閉鎖登記事項証明書」）、③いずれのファイルにも記録がない旨の証明書（「登記されていないことの証明書」）があります（後見登記法第10条第１項、第３項）。

登記事項証明書の申請先（申請書提出先）は、東京法務局後見登録課または全国の法務局・地方法務局の本局の戸籍課となります（支局・出張所では取り扱っていません）。申請方法は、窓口または郵送です（郵送は東京法務局後見登録課のみ対応しています）。郵送の場合、返信用封筒（返送先を明記し、郵便切手を貼ったもの）を一緒に郵送します。登記手数料は１通につき、550円分の収入印紙を申請書の所定の場所に通数分貼り請求します（2022（令和４）年４月現在）。また、窓口や郵送によらない請求方法として、「登記事項の証明書」および「登記されていないことの証明書」の請求については、証明書オンライン請求ができます。証明書オンライン請求は法務省ホームページ上の登記・供託オンライン申請システムを利用していますので、オンライン申請をするための申請者情報登録を行い、申請者ＩＤおよびパスワードを取得する等の必要があります。この請求により、①電子データにより交付される電子的な証明書を求めることと、②紙の証明書の送付を求めることができますが、成年後見に関する電子的な証明書は、提出先機関によっては利用することができない場合がありますので、提出先機関に確認したうえで請求する等の注意が必要です。証明書オンライン請求における登記手数料の納付は、登記・供託オンライン申請システムから通知される納付番号および確認番号に基づく電子納付の方法による必要があります。オンライン請求で電子的な証明書の請求には320円、紙の証明書の請求には380円の費用となり、窓口や郵送による請求より廉価となります（2022（令和４）年４月現在）。

これらの証明書の交付を請求できる者は、①成年被後見人等の本人、任意後見契約の本人、②成年後見人等、成年後見監督人等、任意後見受任者、任意後見人、任意後見監督人、③成年後見人等、成年後見監督人等、任意後見受任者、任意後見人、任意後見監督人を退任した者、④成年被後見人等および任意後見契約の本人の配偶者、四親等内の親族、⑤職務上必要な国または地方公共団体の職員です（後見登記法第10条第１項、第３項、第５項）。閉鎖登記事項証明書については加えて⑥相続人、その他の承継人も請求できます（後見登記法第10条第４項）。

このように、成年後見関係の登記に関して証明する必要のある場合や、取引の相手方から証明書の交付を求められた成年被後見人等は、登記されている事項についてその事実の証明も、登記されていたことはあるが現在は登記されていないという証明も、初めから登記されていた事実はないという証明もとることができます。この証明書によって取引の安全に資するとともに、前述のように証明書の交付を請求できる者を厳しく限定することによって成年被後見人等のプライバシーの保護にも十分に配慮した制度となっています。

2. 確定証明書

審判が確定してから登記が完了するまで、約２週間を要します。

登記完了前に証明が必要な場合は、審判書抄本と審判書の確定証明書を用います。確定証明書は審判を行った家庭裁判所に申請します。収入印紙は150円分が必要です（2022（令和４）年４月現在）。

3. 開始の登記

成年後見人等の権限や任意後見契約の内容に関する登記は、その登記漏れがないように、法定後見の開始および任意後見監督人の選任は家庭裁判所の書記官から、任意後見契約の締結は公証人からの嘱託によってなされます(後見登記法第４条、第５条、公証人法第57条の３)。

4. 変更・終了の登記

成年被後見人等・成年後見人等の住所・本籍・氏名の変更、成年被後見人等の死亡による後見の終了に関する登記は、成年後見人等の申請によってなされます（後見登記法第７条、第８条)。なお、2018（平成30）年12月１日より施行されている、「後見登記等に関する省令の一部を改正する省令」により、登記事項証明書の記載事項は、登記事項に誤りがあって、これを訂正した場合、訂正前の登記事項は記載されなくなりました。また、申請によって、成年被後見人等の住所等が変更された場合においても、特別の請求がない限り、変更前の登記事項は記載されなくなりました（特別の請求として、住所等の変更履歴を必要とする場合には、登記事項証明申請書の所定個所に必要とする理由を記載します)。特別な請求があった場合には「登記事項証明書」から「全部事項証明書」と表題が変わります。

＜参考＞

・東京法務局「登記事項証明書・登記されていないことの証明書の請求について」
https://houmukyoku.moj.go.jp/tokyo/static/koukenshosiki.html

・東京法務局「成年後見登記申請について（変更の登記・終了の登記・戸籍からの移行の登記)」
https://houmukyoku.moj.go.jp/tokyo/page000467.html

・東京法務局「証明書の見本について」
https://houmukyoku.moj.go.jp/tokyo/static/shoumei_mihon.html

・法務省「オンラインによる成年後見の登記事項証明書等の送付請求について」
https://www.moj.go.jp/MINJI/minji04_00020.html

・法務省「成年後見制度・成年後見登記制度」
https://www.moj.go.jp/MINJI/minji95.html

2 成年後見人等に選任されたら

Q22 情報収集

成年後見人等選任の審判書が届きました。これからどのようなことが必要になりますか。まず何から始めたらよいでしょうか。

1. 当面必要なこと

審判が確定すると、家庭裁判所から指示された期日（１か月後）までに財産目録を作成し、年間収支予定、後見方針をまとめて初回報告書（就職時報告書）を家庭裁判所へ提出する必要があります（民法第853条第１項、第861条第１項）（Q30、31、32参照）。書式、内容、期日については、家庭裁判所から連絡があります。

成年後見人等としては、初回報告書（就職時報告書）の作成・提出、その後、通常職務として行う身上保護事務、財産管理事務を行うために必要な情報の収集から始める必要があります。

確認する必要のある項目としては、成年被後見人等の考え、趣味嗜好、今までや現在の暮らし方（生活歴）、経済状況、生活状況、心身の状況、病状、親族、人間関係、関係機関などが考えられます。

なお、次から紹介する活動をする際には、自分の身分証明証ともなる、登記事項証明書を申請し取得しておきましょう（Q21参照）。

2. 家庭裁判所の記録の閲覧

家庭裁判所は、事件の関係人の申立てにより、これを相当であると認めるときは記録の閲覧もしくは謄写を許可することができます（家事事件手続法第47条、第289条第６項）。

家事事件の記録は、個人のプライバシーに関するものであるため、事件の関係人からの申請に限り、かつ、相当であると認めるときにのみ、閲覧もしくは謄写を許可することができるとされています。

成年後見人等はもちろん関係人ですから、まずは家庭裁判所で、申立書、申立添付書類（財産目録、親族関係図、戸籍謄本、診断書、本人情報シートなど）、調査記録などを閲覧することから始めることをお勧めします。これにより、申立てが必要となった経緯、成年被後見人等についての基本的な情報が確認できます。

閲覧や謄写の申し込み方法は家庭裁判所に事前に連絡し、確認しておきましょう。

3. 前任者からの引継ぎ

日常生活自立支援事業、事務管理などで前任者がいる場合には、通帳類を引き継ぐ際に必要な情報について教えてもらう必要があります（前任者がいる場合についてはＱ29参照）。

4. ケース会議

既にチーム支援として、中核機関や行政、サービス事業所などが本人への支援を始めており関係者が多い場合には、会議を開いてもらい、本人に身近な親族、福祉・医療・地域等の関係者に成年後見人等が加わり、事務の引継ぎ、情報の共有、成年後見人等の職務の確認、役割再分担・確認などを行うとよいでしょう（Ｑ23、28、41、42参照）。

5. 本人との面会

成年被後見人等に関することは基本的に本人に尋ね、教えてもらいましょう。本人が決められることは本人に決めてもらいましょう。本人の状況などは成年後見人等自身が確認しましょう。本人へは、本人の状況に合わせた説明方法を工夫しましょう（Ｑ24、25、26参照）。

6. 親族との面会、親族の把握、役割分担

親族のなかで中心となってかかわってもらえる人とは必ず会っておきましょう。今後の本人に関する手続きのなかで、親族でないとできないこと、親族がいるとスムーズにいくことがあります。成年後見人等の職務と義務、できること、できないことを説明し、役割分担できるとよいでしょう。また、本人が亡くなって後見事務が終了したときには、相続人全員に連絡し、どなたかに引継ぎをする（相続財産を引き渡す）必要があります。成年後見人等であるうちに可能な範囲で相続人を把握しておけるとよいでしょう（Ｑ27参照）。

7. 財産調査

収入・支出の確認、財産の確認を行います（Ｑ30、31参照）。引継ぎや調査で把握した財産について一覧にし、財産目録をつくります（Ｑ31参照）。初回報告書（就職時報告書）を提出した後、把握した財産の管理を始めます（財産目録提出までは、後

見人等には緊急な事項以外権限がありません）（Q34、35、36、37、38参照）。

8. 書類の確保

関係機関などから発送される重要な文書、通知、資格証類は、基本的に本人の住民票のある住所へ郵便で送られてきます。申請などの締切りまでの期間が短いものもあり、迅速かつ確実に受け取れるようにする必要があります。そのためには、成年被後見人等に関係する機関を効率的に回れるようにします（自治体によっては、１か所で手続きすることですべてを変更できる地域も増えてきました）。そして、文書類は直接、成年後見人等へ送付するよう手続きします（Q28参照）。成年被後見人等の住んでいる所で成年被後見人自身や家族、職員などの協力を得られる場合は、郵便物の管理、連絡、受け渡し方法を取り決めておくのもよいでしょう。住民票のある場所に誰も住んでいない状況のときには、住民票の移動または郵便物の転送を検討する必要があります。郵便局での転送手続きについて、住民基本台帳法では本人が現にいるところに郵送することになっているので、成年被後見人等が実際にいる場所への転送手続きを成年後見人等がすることも可能ですが、住民票がおかれていない施設や病院等への転送手続きがスムーズにできないという課題があります。郵便法では成年後見人等であるという理由では成年後見人等に転送することが認められていません。転送手続きにかかわる課題は多くあります。成年被後見人等の私信の開封にも関係することであり、慎重な対応が求められます。

9. 記録

成年後見人等として行った活動は、後見等活動記録として記録する必要があります。成年被後見人等ごとに用意した記録用ノートや用紙に、日時、相手、内容、経費などを記録します。引き継いだ通帳や書類は、引き継いだときに一覧をつくっておくとトラブル防止にもなります。また、情報は業務上使うために得たのですから、使いやすいよう整理して記録、ファイルするとよいでしょう。財産目録、人脈や関係機関図、連絡先一覧、福祉・医療等サービス一覧などにしておくと役に立ちます。

10. 保管

通帳、書類、記録などは、ほかの人の記録と混じらないよう、個別に管理する必要があります（預貯金の管理についてはQ34参照）。記録類はほかの人が簡単に見ることができないように工夫しましょう。

Q23 チーム支援

成年後見人等に選任されたとき、本人を支援する関係者とのかかわり方を教えてください。

権利擁護支援を進める早い段階で、権利擁護支援の必要な人の発見から、必要な支援へ結びつけることに合わせて、本人の判断能力の状況や支援の状況によって、すでに発生していたり、将来、発生する可能性がある具体的な課題を整理します。成年後見制度の利用が本人にとってメリットがあるか否かも含めて、中核機関等が中心となって、本人の支援にかかわってきた支援機関や専門職のチームで本人を支援していくことが権利擁護支援活動の潮流となっています。

成年後見制度の利用対象者は、認知症、精神障害、知的障害、発達障害等で判断能力が不十分であることが想定されています。認知症高齢者であれば、親族、介護支援専門員、利用している高齢者事業所およびそのスタッフ、医療機関およびそのスタッフ、民生委員等、成年後見制度の利用開始前から本人に身近な親族や福祉・医療・地域の関係者がチームを形成していることもあります。知的障害者等であれば、相談支援機関により、本人の意思決定支援、支援の必要性、適切な支援内容等の検討が行われ、身近な地域内で日常的に本人を支援するチームが形成されていることもあります。

家庭裁判所の審判により、成年後見人等に選任された後の成年後見人等は、前述したように、すでに形成されているチームがあればこれに成年後見人等として加わり、関係者間で、想定されている課題と支援方針を共有します。本人や成年後見人等、関係機関などが参加する会議を必要に応じて開催し、本人の障害の有無にかかわらず、尊厳のある本人らしい生活を継続し、地域社会へ参加できるようにするという観点も意識し、必要に応じて方針を再調整したうえで役割分担をします。チームが形成されていない場合には、本人の状況に応じ、中核機関等の関係者と協議しながら成年後見人等がチームを編成する場面も考えられます。

本人にとって、なじみの支援者等とのチームやネットワークのなかで見守られる体制こそ、安心につながると考えられます。またこれは、本人の地域生活の可能性も拡げることにつながります。ネットワークとチームによる支援は、本人の意思を尊重するという面や、意思決定支援の場面で本人への権利制限が必要となる可能性が生じたとき、成年後見人等の独善的なかかわりを防止することも可能となります。本人の強みを活かすことや支援体制を調整しながら、本人に対して、チームによる適切な支援が始まることが期待されています（支援チームとネットワークの構築についてはQ42参照）。

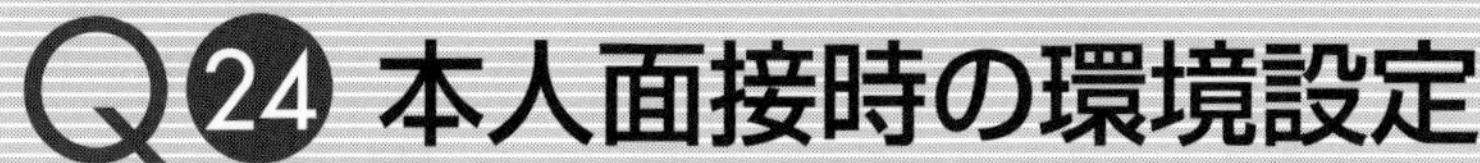

Q24 本人面接時の環境設定

選任後、初めて成年被後見人等を訪問する際の留意点について教えてください。

第一には第三者の専門職が選任された事由、第二には後見等の事務の限界を踏まえた親族や関係者などとの関係のとり方に留意が必要です。お互いに「対等な立場」で、信頼関係の構築を心がける必要があります。

1. 全般的な留意事項

実際には、次のような点について留意することが重要です。

① 成年後見制度利用者である成年被後見人等はもちろんのこと、親族や関係者など同席者にも信頼感を与えるような受け答えに心がけましょう。

② 成年被後見人等や親族などの予期せぬ言動にも柔軟に対応できるよう、余裕をもった対応に心がけましょう。

③ 話し合いは、成年被後見人等のペースに合わせて行うことを原則とし、同席している親族などのペースに巻き込まれないように、また成年被後見人等への質問に同席者が答えてしまうような場合、成年被後見人等にも確認するように留意しましょう。

④ 重度の障害、認知症などにより、コミュニケーションが困難な方もおられます。コミュニケーションの確保については、その手段に留意し、成年被後見人等の意思を確認できる方法をとります。

2. 自宅に訪問する場合の留意点

在宅の成年被後見人等を訪問するときには、成年被後見人等の居宅という環境面、親族などとの人間関係、近隣や地域社会との関係性に着目することが求められます。

訪問時に確認しておかなければならない点としては、以下のようなものがあります。

⑴ 挨拶・訪問の意図の確認

挨拶の後、選任され成年後見人等となったことなど、訪問の理由を簡単に説明します。

⑵　成年後見人等の職務と義務の説明

成年後見人等がどのような職務と義務を果たし、成年被後見人等や親族の日常生活にどのようにかかわるのかをわかりやすく説明します。特にプライバシーの確保について確約することや、疑問点や要望に対して遠慮なく相談できることも説明します。

⑶　本人を知ること

成年後見制度を利用する前の生活の状況や思いなど、成年被後見人等から話しやすい事柄について話を聞きます。成年後見人等が本人の生活を支援していくことについて、成年被後見人等の意思の尊重と本人保護との調和を図りつつ、本人がメリットを感じられるような方法を探ります。親族などの意思と明確に区分するために、個別に事情を聞く場を設定してもらうことも必要です。本人の意思決定支援を踏まえた対応がチームとして実施できるよう調整します。また、本人と親族などの役割とチームで支える支援者の役割、成年後見人等の役割について確認する必要があります。虐待案件などで緊急性が高く、すぐに取り組むべき課題がある場合には、申立ての支援にかかわった行政や専門機関の担当者などと役割分担を行い、本人と家族への対応を後見人が一人で担わないようにします。本人の意思決定支援が可能となる環境に調整できるよう介入することも必要となります。

3. 施設に訪問する場合の留意点

⑴　成年被後見人等の生活状況の把握

生活の場が施設にあっても、一人ひとりに焦点をあてる支援の視点が必要不可欠です。施設の生活とはこういうものだという成年後見人等の先入観で生活状況を把握しようとすると、成年被後見人等との信頼関係が崩れてしまいかねません。あくまでも成年被後見人等の意思や要望を尊重することが重要です。

⑵　成年後見人等の職務と義務の説明

成年被後見人等には、施設生活において、直接的あるいは間接的にさまざまな専門職がかかわっています。成年後見人等は、これらの専門職の協力を得ながら連携して成年被後見人等の権利を護り支援する立場であることを明確に説明することが大切です。

⑶　訪問・面接の時間

成年被後見人等からの要望のあった時間帯の訪問がよいでしょう。成年被後見人等の了承を得たうえで訪問可能な時間帯に訪問するようにします。もし、施設職員等の介助などが必要な場合は、施設側と時間調整も必要です。

(4) 場所・面接環境への配慮

プライバシーを確保しつつ、静かで落ち着いた生活空間で話を聞かなければなりません。施設職員が同席していると、遠慮などにより成年被後見人等の本当の意思が話に出てこない場合もあるため、成年被後見人等と成年後見人等とが一対一で話せる環境をつくってもらいます。不足する情報などについては、後から別個に成年被後見人等の事情をよく知る担当の職員からの聞き取りも必要となります。災害や感染症対策等により対面での面接が困難な場合が生じたときには、本人の特性に配慮しつつ電話やインターネットを利用する等の工夫が必要となります。

25 本人への職務内容の説明

成年被後見人等に対して、成年後見人等の職務内容をどのように説明したらよいでしょうか。

A

1. 説明に関する基本的な姿勢

成年被後見人等に対しては、成年後見人等の職務と義務や役割、できること、できないことのそれぞれの内容を本人の状況に応じて説明をする必要があります。

成年被後見人等は判断能力が不十分な状況にあるので、成年後見人等のできること、できないことを十分に理解することは難しいこともあります。しかし、「理解できない」あるいは「困難であろう」という推測から、「成年後見の内容について説明をする必要がない」ということには決してなりません。成年後見人等はあくまでも、成年被後見人等の意思を尊重する支援者であるという自覚に基づき、自らの立場をはっきりさせるためにも、職務と義務、できること、できないことを成年被後見人等に説明する姿勢は大変重要です。

そこでは、まず成年被後見人等をありのままに受け入れ、共感する姿勢を保つことが求められます。さらに、どのような重度の障害があっても、その成年被後見人等の状態や状況に応じて、理解し、判断し、意思決定、自己決定し自己実現できるのだ、という確信をもつことが求められます。

2. わかりやすい説明の工夫

課題となるのは、成年被後見人等に理解できるような説明の仕方やコミュニケーション手段が十分配慮されているかということです。

成年後見人等の職務と義務や役割については、わかりやすい言葉で説明していくことが必要です。できることとできないことを図式化したり、絵や写真を用いたり、これらを併用したりすることなどが考えられます。

また説明にあたっては、親族、友人やチームで支援している関係者など、成年被後見人等をよく知っている人に同席を求め、成年被後見人等とのコミュニケーション支援を行ってもらう方法もあるでしょう。また大変難しいことではありますが、成年被

後見人等がどのように理解したかの確認をする努力も必要です。

大切なことは、すべての人は基本的に意思決定の能力があるととらえて関係を築いていくことです。成年後見人等による多様な説明のあり方や意思の確認方法を工夫することが求められています。

3. 後見事務に関する説明の留意点

後見事務を進めるにあたっては、成年被後見人等の福祉の増進を旨として、成年被後見人等の意思を尊重し、かつ、その心身の状態および生活の状況に配慮しなければなりません。そして当然のことながら、事前に成年被後見人等の意向を伺い、実施した後見事務の内容については、成年被後見人等へ報告することを原則としなければなりません。成年被後見人等がすべての報告内容について理解できないわけではありません。判断能力の状況に応じて説明の仕方や報告すべき内容によっても異なるでしょう。

また、成年後見人等は、成年被後見人等の意思を十分に考慮したうえで、なおかつその意思と異なる方法で権限を行使することが、成年被後見人等の福祉にとって適当であると判断される場合もあります。このような場合は、成年後見人等だけで決定するのではなく、本人を含めたチームによる検討を加えたうえで権限を行使することに留意しましょう。特にどのように判断し、どのような行為をするのかを検討の過程も含めて成年被後見人等にわかりやすく伝え、後見事務の内容を明らかにしていくことが必要でしょう。

後見事務にかかる実費や報酬を受け取る予定のあるときは、事前にその旨、本人の財産から支払われることを説明することも必要です。

後見事務の内容は、プライバシーに関する内容を多分に含んでいます。その情報が第三者に漏れないように面談の場所にも配慮が必要です。併せて、落ち着いた環境で、安心した雰囲気のなかで行われることも大切となります。

説明の仕方は、相手にわかりやすく、具体的に情報を提供しなければなりません。言葉による説明だけでなく、報告内容によっては記録や会計帳簿、預貯金通帳、契約書や領収書などを提示して行うことも必要です。そのためには成年後見人等として記録関係書類などを正確に残し、保管・管理しておくことはいうまでもありません。

さらに、報告や説明に対して成年被後見人等が正しく理解できるようなコミュニケーションの工夫が必要となります。成年後見人等は一方的に、また事務的に報告するというのではなく、相手の反応を見ながらより具体的に資料などを用いて説明するなど伝達方法の工夫をしなければなりません。また、成年被後見人等からの言語や非言語的コミュニケーションを通しての反応を敏感に受けとめる必要があります。

成年後見人等として後見事務を遂行するうえでは、成年被後見人等を常にその中心において、本人抜きで決めるようなことは避けるべきです。成年被後見人等の意思や思いに寄り添い、本人の能力を最大限に活かせるように、働きかけによっては報告内容を理解し得る能力や可能性をもった存在として理解していくことが必要です。

Q26 本人との面接の進め方

成年被後見人等の疾病や障害の状況に応じた面接時の配慮について教えてください。

成年被後見人等には、認知症高齢者をはじめ知的障害者、精神障害者、発達障害者等が想定されます。疾病や症状の変化などによって理解のできる内容や時期、段階などが異なります。成年後見人等として後見事務を担ううえでは、成年被後見人等の疾病や障害の理解を十分に図り、疾病のどの段階で、また１日のなかのいつ説明をすると理解しやすいかなど成年被後見人等の側に立って考えなければなりません。例えば、認知症高齢者などは１日のなかでも理解力に変動があることや、今理解できてもすぐに忘れてしまうことがありますので、その特性を理解することは重要です。

1. 認知症高齢者への配慮

認知症高齢者に対しては、獲得されたものが失われているという状態に配慮する必要があります。しかし、すべてが失われたわけではありません。失われた能力の回復を求めるより、今ある能力を大切にします。できることや実際に行っていることを確認できるような質問を心がけます。最初に症状に気づき、誰より一番不安になって苦しむのは本人なのです。対応する際には、「驚かせない」「急がせない」「自尊心を傷つけない」の“三つの「ない」”を心がけましょう。

認知症高齢者は理解力が落ちているものの、感情面はとても繊細です。温かく見守り適切な援助を受ければ、自分でやれることも増えていく可能性もあります。一般的には成年後見人等よりも年長であることの多い認知症高齢者に対しては、特に当事者のプライドを損なわないようなかかわりが求められます。

2. 知的障害者への配慮

知的障害の特徴として、複雑な事柄の理解や判断、こみいった文章や会話の理解が不得手であること、未経験の出来事や状況の急な変化への対応が難しい場合もあります。しかし、自分のことを決めるのは本人です。本人ができないと決めつけないように、成年後見人等の説明がどの程度理解できているのか、絵や図などの視覚的方法、たとえや言い換えにより多面的に本人の理解力や意思を確認する配慮が必要です。

相談内容については、財産・相続などの金銭に関する相談も皆無ではないものの、むしろ地域での生活を維持していくための相談が主となると思われます。年金や給料を本人の自己決定権を尊重しつつ、実現するための意思決定に基づき、いかに管理・利用していくのか、そもそも意思決定・自己決定をどう支えていくのかといった生活全体を援助する姿勢が求められます。福祉事務所のケースワーカー、障害者相談支援事業所や民生委員などの福祉関係者がすでに支援に携わっている場合も多いことを踏まえ、本人が安心して思いや意思を反映することのできる支援者等とのチームによる支援を念頭に面接を進めていく必要があります。

3. 精神障害者への配慮

疾患の違い、個人差、時期による違いは大きく、疾患により、症状や経過に違いがみられます。感情の表現が苦手であったり、対人関係トラブルや予想外の出費等によるストレスによって日常生活の困難さが現れることもあります。まず、本人のペースでの話を傾聴し、時々、話を具体的に整理して本人に返したり、手短で、具体的、誤解の余地のないように工夫をします。医療的な援助の必要性もあることから、医療機関や精神保健福祉センター、障害福祉サービス事業者等が実施している、精神保健福祉相談や訪問指導等の活用および精神保健福祉士や当事者団体の援助者、ピアカウンセラーとの連携が特に重要になっています。

社会資源が少なく、社会の理解があまりないようですが、精神障害にも対応した地域包括ケアシステムの構築を推進するため、地域における精神保健医療福祉体制の基盤の整備が進められています。

4. 発達障害者への配慮

発達障害は、脳機能の障害とされ、不注意と多動性・衝動性を主な特性とする「注意欠如・多動症（ADHD）」、文章の読み書きや計算が苦手な「限局性学習症（SLD）」、読み・書き・計算が苦手なことを主な特性とする「学習障害（LD）」、臨機応変な対人関係が苦手なこととこだわりが強いことを主な特性とし、生活上の支障がでている「自閉スペクトラム症（ASD）」など数種類の障害をまとめた総称といわれています。得意なことや苦手なことがはっきりしている場合があり、ある場面で能力が秀でることがある一方、日常生活上の支援を要することもあります。そのため、個々の特性の状態および生活の実態に応じて、医療、福祉、労働等の関係機関や民間団体とも連携をとり、発達障害者の意思決定支援に配慮しつつ、切れ目のない支援が求められています。

5. 特別な状況下での面会

本人の意思決定支援が円滑に進むよう、本人の生活状況や本人の思いについて常に関心を寄せる必要があります。本人との面会を通して表情を確認し状況を把握することはとても重要です。しかし、近年は自然災害や新型コロナウイルス感染症対策の対応として、面会自体を実施することが困難な状況も発生しています。電話で本人や支援者と連絡をとり状況を把握したり、本人の居室以外の場所での面接やインターネットを介しての面接など、本人の状況を知るための対応の工夫が求められます。

オンラインでの面会がうまく機能しない特性のある方や、本人にとって重要な意思決定支援が求められる場合など、短時間であっても面会できるよう、感染症の予防に配慮しながら面会を実施することも必要に応じて求めていくことが大事です。

＜参考＞

・公益社団法人認知症の人と家族の会「「認知症」の人のために家族が出来る10ヵ条」
・本田秀夫『発達障害——生きづらさを抱える少数派の「種族」たち』SB新書、2018年、42、43、52頁
・『認知症サポーター養成講座標準教材 認知症を学び 地域で支えよう』NPO法人地域ケア政策ネットワーク、2016年11月
・認知症ねっと
https://info.ninchisho.net/

27 親族との関係の取り方

成年後見人等または任意後見人として、親族への報告はどのような点に注意したらよいのでしょうか。

A

1. 成年後見人等の立ち位置

成年後見人等が成年被後見人等の身上、生活の状況に配慮するためには、成年被後見人等の親族と連携を取る必要も出てきます。そうすることによって、親族と成年被後見人等との人間関係を良好に保ち、親族にも成年被後見人等の生活の向上のために協力していただくことにもつながるからです。

一方で、親族の名前を後見人候補者の欄に記入し申立てをしても、状況により家庭裁判所が親族以外の専門職等を選任する場合もあり、成年被後見人等の権利擁護を図るために、あえて親族と一定の距離を保ったほうがよい場合もあります。成年後見人等はあくまでも成年被後見人等の側に立つものであり、親族の調整機関や相談窓口ではありません。親族による虐待や財産侵害に対しては、成年被後見人等に代わって成年後見人等が親族と対峙する必要も生じます。

また、一部の親族と成年後見人等がかかわったがために、親族間のトラブルに巻き込まれることもあります。成年被後見人等が亡くなった場合の推定相続人となる親族に、適正な後見事務をしていたことを裏づける証拠書類や契約書類、後見日誌の記録などを示すことは重要である反面、例えば、子どもが複数いる場合は全員に報告するのか、配偶者や子どもがいない場合は兄弟全員に報告するのかなど、相続や扶養関係などさまざまな諸要因を考慮していく必要があります。

2. 親族へ報告する際の留意点

成年後見人等は、後見事務の内容について成年被後見人等の親族に報告する法律上の義務はありません。成年被後見人等の情報を親族に漏らすことは守秘義務に反する可能性もあります。財産目録を親族に提示することはトラブルの要因になりやすく、報告する内容についても十分な配慮が求められます。

まずは、成年被後見人等を取り巻く親族に法定代理人としての成年後見人等の職務

と義務や存在を周知していただくことが、無用なトラブルを避けることになると思われます。ただ、親族の誰にどのような内容の報告をしていくのか判断していくのは成年後見人等の裁量になります。申立権のある親族全員に話を通すことも考えられますが、実際問題として成年後見人等の負担は大きく、同居家族や、申立人と相談し、報告すべき親族の代表者、報告の内容などを決めておくことも有効でしょう。成年被後見人等の死後の対応についてはQ67で触れていますが、死後に限らず病気などの緊急時の連絡先を確認しておくことも重要です。後見計画を立てる段階で、親族とのかかわりを明確にし家庭裁判所や中核機関等の意見を求めることもできるでしょう。成年後見人等に選任される段階で、家庭裁判所などから得られた成年被後見人等の親族に関する情報は、親族とのかかわり方を判断する材料になります。

任意後見の場合でも、本人の意思を尊重し確認しながら親族の誰にどのような報告をするのかその都度相談して決めておき、契約書などに明記しておくことも一つの方法です。

成年被後見人等の身上に配慮するためには、成年被後見人等を取り巻く人間関係に配慮することは重要です。ちょっとしたきっかけで、良好にも不良にも変化しやすい人間関係だからこそ、成年被後見人等の親族への報告や面談には細心の注意が払われるべきといえるでしょう。成年被後見人等の情報をすべて秘密にする必要はありませんが、あえて親族でなく第三者の成年後見人等が選任された事情に配慮し、成年被後見人等と親族のかかわりの状況に応じて、適切に成年被後見人等の親族とかかわっていくことが求められます。

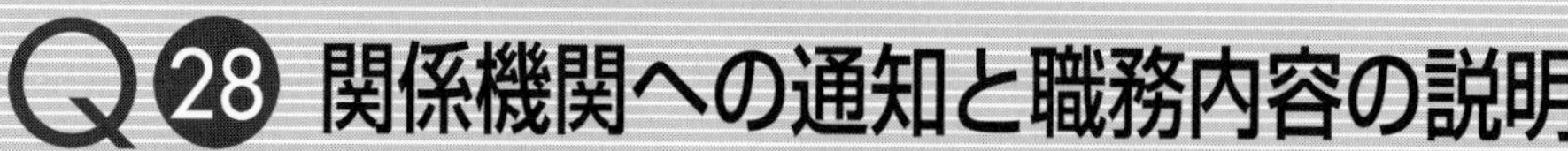

2 成年後見人等に選任されたら

Q28 関係機関への通知と職務内容の説明

成年後見人等に選任されたら、どのような関係機関にどのような通知や説明をしたらよいでしょうか。

1. 通知と手続きが必要な関係先

成年後見人等に選任された際、本人の代理人として活動するにあたって関係先への通知が必要になります。通知先は本人の利用サービス、保有資産、生活圏等によってそれぞれ異なります。

(1) 金融機関

成年後見人や財産管理の代理権を付されている保佐人、補助人は成年被後見人等の財産を管理するために金融機関への届出が必要です（Q33参照）。

(2) 介護、福祉サービス機関

本人が契約を交わしてサービスを利用している場合、契約者の変更が必要となる場合がありますので確認します。また、成年後見人等の職務を説明する必要があります（次項参照）。

(3) 医療機関

本人が入院契約等を交わしている場合、契約者の変更が必要となる場合がありますので事務担当者に確認しましょう。また、成年後見人等の職務を説明する必要があります（次項参照）。

(4) 年金事務所

改定通知等文書の宛先を成年後見人宛てにすることができます。これは民法第860条の2に規定された郵便回送（Q30参照）とは異なり、事務上の運用による送付宛名となります。

(5) 市区町村の関係課（介護保険、障害福祉、国民健康保険、国民年金、税関係）

支給決定や受給者証交付、更新期限通知など、後見事務に必要な文書の宛先を成年後見人宛てにすることができます。

(6) その他必要に応じて、税務署、生命保険会社等に後見等が開始された旨を通知する必要がありますが、民生委員などにはプライバシーを保護するため知らせないほうがよい場合もありますので、十分に配慮しましょう。

届出に必要な書類等はそれぞれの機関によって異なりますが、ほとんどの機関で成年後見人等の証として「登記事項証明書」が求められるので取り寄せるなどして準備しましょう（Q21参照）。

2. 職務内容の説明が必要な関係先

成年後見人等に就任したら、上記の届出手続き以外に関係機関に対して成年後見人の職務、できること、できないことの説明をしなければなりません。後々の行き違いを避けるため最初に十分説明しておくことが大切です。

⑴　親族への説明（Q27参照）

親族にとって成年後見人等は親族に代わって何でもしてくれる人、と思いがちです。特に身上保護の点では外出に同行してほしいとか、買い物を届けてほしいなどのいわゆる「事実行為」を親族に代わってしてくれるものと期待されがちです。こんなときは、これは成年後見人等の任務ではないがヘルパー等を手配することはできる、などの具体的な代替案を示すなどして理解を求めます。

⑵　介護・福祉サービス機関への説明

成年後見制度の利用者は基本的に介護サービスや福祉サービスの利用者です。成年被後見人はこれらのサービスを組み合わせて、またそのほかのいろいろな機関や立場の方のサポートを受けて生活を成り立たせています。

本人が在宅生活の場合、できれば成年後見人等就任後の早い段階で本人を支援する関係者チームが集まってそれぞれの役割分担を確認する会議を開催してもらうとよいでしょう（Q23参照）。集まってもらう人は個別事情によりさまざまですが、地域包括支援センターや相談支援事業所などの社会福祉士等、介護支援専門員などに中心になってもらい、関係者を集めて会議を開いてもらうとよいでしょう。会議が開催できるとチームの構成もわかり、役割分担や連携の打合せもしやすくなります。

一方入所の場合、施設もまた成年後見人等には親族に代わって、本人の外来受診に付き添う等の事実行為を期待される場合があります。できること、できないことを説明して理解してもらう必要があります。説明する相手は施設の介護支援専門員や相談員のみならず担当のケアワーカー等本人を支援する人たちみんなに理解してもらいましょう。また、施設長や事務関係者にも身元保証や医療同意、死後の事務など成年後見人の権限のおよばないことについて説明しておくとよいでしょう（Q61、65、67参照）。

また、インフルエンザ等の予防接種については予防接種法により成年後見人が保護者として同意することになっていますが、まず成年被後見人に十分説明して意思を確認し、同意を得られたら本人署名または成年後見人が代筆署名し、意思が確認できないときは、ケアチームや家族と相談して成年後見人署名となることをあらかじめ説明しておくとよいでしょう（Q63参照）。

(3) 医療機関への説明

入院中であれば医療ソーシャルワーカーや精神科ソーシャルワーカーなどに中心になってもらい、関係者を集めて会議を開いてもらうとよいでしょう。成年後見人等の身上保護の一環として、本人の病状説明を求めることも必要ですので、主治医にも挨拶と職務説明の機会をもつようにします。

医療機関に対しては入院契約等を行うとき、特に医療同意と身元保証、死後の事務について説明しておく必要があります（Q61、65、67参照）。

また入院の場合、病院もまた成年後見人等に対して親族に代わって日用品の買い物等の事実行為を求める場合があります。できること、できないことを説明して理解してもらう必要があります。

3. 説明の必要な内容

(1) 権限

自分は成年後見人なのか、保佐人なのか、補助人なのかを伝えます。保佐人の場合は付与されている代理権、補助人の場合は付与されている同意権や代理権を説明します。付与されている権限以外のことはできない、ということを伝える必要があります（Q８参照）。

(2) 立場

成年被後見人等の側に立つ立場であることは、はっきり伝える必要があります。親族や関係者の代理人ではなく、本人の代理人であって本人の意見や希望を述べたり、本人の意思や希望を引き出す役割を担っています。そして成年後見人等は本人の希望が実現できるよう手配を行うのが基本的業務です（Q４参照）。

(3) 成年後見人等の業務内容

類型、代理権等によりかなり違いますので、権限にそって、通帳を預かる、支払いを行う、契約を締結する、などのなし得る業務内容を説明します（Q５参照）。権限があるからといって、権限が付与されている行為をすべて代理するのではなく、成年被後見人等が自ら行う行為を支援する、また、自ら行えるよう働きかける、といったことも成年後見人等の重要な職務です。

(4) 権限の与えられていない事項

一身専属的な事項の代理、居所指定権、医療同意権はない、ということを伝える必要があります（Q８、65参照）。また、権限の与えられていない事項について、その行為が必要になった場合にどのように対応するのかを、あらかじめ関係者の間で協議をしておくことが必要です。

⑸　注意が必要な事項

自宅の処分は家庭裁判所の許可が必要であること、身元保証人・身元引受人には基本的にならないこと、成年被後見人等が亡くなったら業務は終了するので、その際に発生する事務処理への対応のことを伝える必要があります（Q52、56、61、67参照）。

Q29 管理財産と職務の引継ぎ

成年後見人等に選任されたので、それまで財産を管理していた人から通帳や重要書類を引き継ぐことになりました。どのようなことに留意すればよいでしょうか。

成年後見等の開始の審判がなされたら、速やかに財産等の引継ぎを行い成年後見人等が管理することになります。以下、引継ぎを行うときの留意点をまとめましたが、貴重品を引き継ぐという場面ですので慎重確実に行うことが重要です。できれば一対一ではなく、第三者に立会ってもらうとよいでしょう。

(1) 成年被後見人等本人が財産を管理している場合（Q25参照）

成年被後見人等が自ら財産を管理している場合は、預貯金通帳などに思い入れが強い場合があります。本人がよく理解できないまま成年後見人等の職務だからといって通帳を預かると、本人は不安になりこれから始まる後見活動に最も大切な信頼関係を損ねるおそれがあります。まずは成年後見人等の職務を十分に説明し、預かる書類は一覧表にして預かり日現在の残高を記載したものを「預り証」などのかたちで成年被後見人等の手元に残し、いつでも現状を確認できることを伝えます。

(2) 親族が財産を管理している場合（Q27、28参照）

親族が財産を管理している場合も、これから始まる後見活動における信頼関係を築くうえで通帳等の引継ぎは慎重を要します。成年後見人等の職務を十分に理解していただいたうえで預かり書類は一覧表にして、預かり日現在の残高を記載したものを「預り証」などのかたちで渡しましょう。

(3) 日常生活自立支援事業で財産を管理している場合

全国社会福祉協議会の日常生活自立支援事業推進マニュアルに基づいた「書類等受取書」といった様式が準備されています。これまで社会福祉協議会が預かっていた重要書類はすべて引継ぎ、もし成年後見人等就任後もこの事業を利用する必要がある場合は、契約方法等について実施主体である都道府県社会福祉協議会への確認が必要です（Q69、70参照）。

⑷　入所施設等が財産を管理している場合

入所施設等が通帳等を管理している場合は、成年後見人等の職務を十分に説明し、引き渡しを受ける書類の「預り証」等を作成して双方１部ずつ保管するようにします。施設が日用品費等の払い出しのための小口現金通帳を保管する場合は、金銭出納帳の記載を依頼し、成年後見人等がいつでも通帳と出納帳を確認できることを申し入れます（Q28参照）。

⑸　任意代理人が存在する場合

委任者の事理弁識能力が不十分になっても委任契約の有効性は継続するので、成年後見人等の権限と併存する可能性があります。また、任意代理人が正しく代理行為を行っているかどうかを本人が確認できるとは限らず、委任者（本人）が不利益を被るおそれもあります。そのため、成年後見人が業務を開始してから委任契約の存在がわかった場合には成年被後見人の意思を確認し、委任契約を解除します。

保佐人および補助人は、代理権の範囲によっては任意代理人と職務内容が併存する場合が考えられます。付与された代理権の範囲と重なる委任契約があるかどうかを確認し、重なる行為があれば審判を受けた保佐・補助の代理行為について再度本人に説明し、本人の意向を確認してから委任契約を解除します。また、代理権を付与されていない行為についても委任契約の内容について見直し、誰がその事務を代理するのが適切であるのかについて本人の意思を確認します。保佐人または補助人がその行為を代理することを本人が希望したら代理権を付与する審判を受け、その後、任意代理人との委任契約を解除します。保佐・補助の代理権付与の審判にあっては被保佐人・被補助人の同意が必要です。

⑹　成年後見人等が管理する重要書類の例

①　預貯金通帳

②　年金証書

③　金融商品証券類

④　生命保険証書、損害保険証券

⑤　印鑑登録証

⑥　実印

⑦　不動産登記識別通知

これらの書類を預かる理由は、本人の権利を守り紛失損害リスクを回避することです。本人の意思に反し権利を制限するものであってはなりません。本人が安全に保管することができるのであれば本人が保管する方法を検討します。

また、信頼関係が築けるまでは親族が保管するほうがよい場合もあるので、協

議しながら慎重に進めましょう

なお、障害者手帳・健康保険証・介護保険証・医療受給者証・個人番号カード等は本人がいつでも使用できるように本人の手元に置いておきます。紛失のおそれがある場合は普段成年被後見人の身の回りの世話をする人と保管方法を相談します。成年後見人等は更新手続き等を失念しないようコピーを手元に保管しておきましょう。

Q30 財産調査

成年後見人に選任されたのですが、財産目録を作成するにあたって成年被後見人の財産の調査をしなければなりません。漏れのないように確認するにはどのようにすればよいのでしょうか。

成年後見人は、その就任後まず財産調査を行い、財産目録を作成しますが、その際に調査漏れをなくすためには、①財産とはどのような形態で存在するかその種類を知っておくことと、②それらの確認をどのように行うかということを知っておくことが必要です。これらをもとに個別のチェックリストを作成しておくと確認がしやすいでしょう。

1. 財産の種類

(1) 資産

① 預貯金・現金

・預貯金（銀行等）

・現金

② 有価証券等

・株式、投資信託、国債、社債、外貨預金、手形、小切手など

③ 生命保険、損害保険等（本人が契約者または受取人になっているもの）

④ 不動産（土地）

・宅地、駐車場、事業用地、田畑、山林など

⑤ 不動産（建物）

・家屋（居住用、賃貸用）

⑥ 債権

・貸付金、損害賠償金など

⑦ その他

・自動車、宝石貴金属、書画・骨董など

(2) 負債（債務）

・クレジットカード、消費者金融、住宅ローン、自動車ローン

・滞納している公共料金、未払金など

(3) 相続財産

・遺産分割が終わっていない相続財産

(4) その他の貴重品

印鑑や印鑑登録証（印鑑登録カード）、不動産登記識別情報通知書、互助会等加入証、鍵（どこの鍵かということも）などについても同時に調査・確認し、後の後見事務をスムーズに行うようにすることが必要です。

2. 財産の確認方法

まず、家庭裁判所に申立書の情報の閲覧・謄写（有料でコピーしてもらう）を求めます。ただし、申立て時に財産を漏れなく記載しているとは限らないため、あくまでも目安と考えることが必要です。

実際には、以下の①〜③のような方法で確認していくことになります。

① 成年被後見人に聞き、その答えをもとに家の中を探します。

② 貸金庫契約をしている場合は貸金庫を確認します。

③ 郵便物を確認します（※成年被後見人宛の郵便物の回送嘱託については3に記載）。

次に、確認した財産については、以下の④〜⑨などが、財産目録（Q31参照）を作成するもとになります。

④ 預貯金については最新の残高の記帳された通帳を確認します。

通帳の出入金記録を1年分くらい確認すると、公共料金や介護・福祉サービス利用料の口座振替状況がわかります。通帳繰り越し等で出入金記録が不明の場合は、取引明細書や残高証明書の発行を求めます。もし、あるべき記録がないとするとほかに通帳があるかもしれませんので、本人の生活圏内の金融機関に口座の有無を調べます。

⑤ 不動産については最新の登記簿謄本、固定資産評価証明を確認します。

不動産登記簿謄本はその不動産の所在地を管轄する法務局で取得します。固定資産評価証明は不動産の所在地の市区町村の固定資産税担当課で発行してもらいます。本人の不動産所有状況がわからない場合は固定資産税担当課で「名寄帳」を発行してもらい確認します。名寄帳とは土地と家屋の固定資産税台帳について所有者ごとにまとめた一覧表です。いずれも郵送でも請求できますが、手数料や添付書類はそれぞれ異なることがあるので確認してから請求しましょう。

⑥ 賃貸借不動産については賃貸借契約書、賃貸借料とその収受方法を確認します。

⑦　株式については預かり証・発行通知書・配当通知書・運用実績報告書などを確認します。

⑧　生命保険については保険証書を確認し、保険金の受取人を確認しておきます。

⑨　不動産を所有している場合は、建物に関しては火災保険、地震保険などの保険の加入の有無や保険証書の確認も必要です。

財産の確認と併せてお墓や菩提寺についての確認も行うとよいでしょう。

この項目とＱ31、32の記載内容は後見類型を基本としています。保佐・補助類型においても代理権の範囲によっては同様の留意が必要となります。

3. 郵便物の回送について

2016（平成28）年の民法改正により、成年後見人が本人の財産・負債・収支状況を正確に把握して受領・管理し、適切な財産管理を行うために必要がある場合は、家庭裁判所の審判（回送嘱託審判）を得ることで成年被後見人に宛てた郵便物等の配達（回送）を受けることができるようになりました（民法第860条の２）。なお、この嘱託期間は６か月を超えることはできず、延長されることもありません。郵便等の回送嘱託の申立ては保佐人・補助人には認められていません。

また、回送されても、成年後見人の事務に関係のない郵便物等は速やかに成年被後見人に交付しなければなりません（民法第860条の３第２項）。成年被後見人等の私信の開封にも関係することであり、慎重な対応が求められます。

＜参考＞

・最高裁判所「成年被後見人に宛てた郵便物の回送嘱託申立書式」
https://www.courts.go.jp/saiban/syosiki/syosiki_kazisinpan/syosiki_yubintenso/index.html

3 後見事務

Q31 財産目録の作成

成年後見人として財産管理をすることになりましたが、財産目録はどのようにして作成するものでしょうか。作成するうえでの注意点を教えてください。

1. 財産目録作成の期限と様式

成年後見人は自己に選任の審判が下りたことを知った日から財産調査を開始し、１か月以内に調査を完了し目録を作成しなければなりません（民法第853条第１項）（Q30参照）。

家庭裁判所からは、おおむね確定から１か月頃の期日を指定して財産目録の提出を指示されます。１か月では不足の場合は家庭裁判所の決定により期間の延長が可能です（同条同項ただし書き）。また、財産調査、目録作成にあたっては後見監督人がいるときはその立ち合いが必要です（同条第２項）。

財産目録の作成にあたっては、所管の家庭裁判所から所定の様式が送られてくる場合もありますが、裁判所のホームページからダウンロードできます。

2. 財産目録の内容と添付書類

財産目録には、成年被後見人が所有する全財産を記載し、それぞれの証として現在高が明らかになる書類（通帳のコピー等）を添付する必要があります。不動産については登記簿謄本（全部事項証明書）の原本、株式等の有価証券については直近の運用実績報告書コピー等が必要になりますので、本人や親族立ち合いのもと慎重に確認を進めましょう。また、負債も財産ですので返済額や期間がわかる資料をみて記載しコピーを添付します。

3. 相続財産

成年被後見人に未分割の相続財産がある場合は、相続財産目録を作成します。金額や相続割合も記載する必要があるので、関係者に確認しながら慎重に作成しましょう。

表 財産目録の内容と添付資料

	財産種別	財産目録への記載内容	添付資料 （財産目録につけた番号を付する）
1	預貯金・現金	金融機関名、口座番号等 現在高（直近の記帳日） 管理者は引継ぎ後であれば成年後見人	通帳のコピー （表紙、名義人、銀行支店名等が記載されたページ、過去１年分の出入金記録ページ）
2	有価証券関係	銘柄、証券会社名など	直近の配当通知書、運用実績報告書など
3	生命保険、損害保険等	保険会社名、契約者、受取人など	保険証券、契約内容確認通知
4	不動産（土地）	所在、地番、地目、面積	登記簿謄本・全部事項証明書（原本）
5	不動産（建物）	所在、家屋番号、面積	同上
6	債権（貸付金、損害保険金など）	債務者名、内容、金額	契約書など
7	その他（自動車など）	種類、内容、評価額	車検証など
8	負債	債権者名、内容、残額、月返済額	償還表、契約書

4. 財産目録作成前の権限

成年後見人は、財産目録を家庭裁判所に提出するまでは、急迫の必要がある行為にしか権限がありません。そして急迫の必要があるとして行った財産処分についても善意の第三者に対抗できません（民法第854条）。

＜参考＞

・最高裁判所「財産目録書式」
https://www.courts.go.jp/vc-files/courts/2021/koukentouitusyoshiki/R0304zaisanmokuroku.pdf

・最高裁判所「財産目録記載例」
https://www.courts.go.jp/vc-files/courts/2021/koukentouitusyoshiki/R0304kisairei_zaisanmokuroku.pdf

・最高裁判所「相続財産目録書式」
https://www.courts.go.jp/vc-files/courts/2021/koukentouitusyoshiki/R0304souzokuzaisanmokuroku.pdf

3 後見事務

Q32 年間収支予定、後見事務方針

成年後見人として成年被後見人に関する年間の収支の予定と後見事務の方針を立てなければなりませんが、どのような点に注意が必要でしょうか。

1. 年間収支の予定

成年後見人に選任されると、就任の初めに年間の収支の予定を立てることになります（民法第861条第１項）。所管の家庭裁判所から財産目録の提出と同時に収支予定表の提出を指示され、用紙が送られてくる場合が多いですが、裁判所のホームページからダウンロードできるので活用しましょう（91ページにURL記載）。

2. 収支予定の立て方

収支予定表には収入内訳と支出内訳を記入します。１か月あたりの収入と支出の予算を立てる必要があるので年金等は月額換算します。支出についても生活費、療養費等、１か月に必要な経費を３か月くらいの平均額から割り出します。

施設入所者の場合は施設利用料の領収書や医療機関の領収書から１か月にどの程度の費用が必要かを算出します。在宅生活者の場合は、福祉サービス利用料の領収書や医療機関領収書のほか、食費、家賃、水道光熱費等の生活費を確認します。領収書等が見当たらないときは、成年被後見人本人や家族、生活支援員等日常生活の支援をしている人からの聞き取りなどにより算定します。銀行の出入金記録からおおむね推定することもできます。

１か月あたりの収入と支出が明らかになると、そこから年間の収支予定を立てることができ、１年間にどの程度の過不足が生じるかがわかります。定期的な収入だけでは生活費に不足が生じるときは、預貯金等の財産をどの程度取り崩す必要があるのか、どのくらいの期間で預貯金が底をつき不動産等を換金しなければならなくなるのか、あるいは収入も財産にも余裕がありこのままの生活を続けると預貯金は増加するが、本人の望む生活はこれでいいのか、といった長期的な見通しを立てることができます。

表 定期的な収入

種別	内容	収支予定表への記載内容	添付資料（収支予定表に対応する番号を付する）
厚生年金、国民年金等 生活保護費		月額、振込口座	年金改定通知、振込通知 保護決定通知書
給与、作業手当		月額、振込口座	支給明細書
賃料（不動産収入）	家賃、地代等	月額、振込口座	確定申告書収支内訳書

表 定期的な支出

種別	内容	収支予定表への記載内容	添付資料（収支予定表に対応する番号を付する）
生活費	食費、日用品、光熱水費、通信費	月額、引落し口座	
療養費	施設費、入院費、医療費、薬代	月額、引落し口座	領収書
住居費	家賃、地代	月額、引落し口座	家賃領収書
税金	固定資産税、所得税、住民税	月額、引落し口座	住民税、固定資産税の納税通知書
保険料	国民健康保険料、介護保険料、生命（損害）保険料	月額、引落し口座	国民健康保険料通知書
その他	負債の返済、こづかい	月額、引落し口座	

3. 後見事務方針の考え方

年間収支予定を立てることは民法に定められた成年後見人の義務です。一方、後見事務方針を立てることは法律上の明記はありません。ではなぜ成年後見人は後見事務方針を立てる必要があるのでしょうか。

上記で述べたように、成年後見人は成年被後見人のこれからの人生の見通しを立てることが必要です。収支予定は経済的な面から成年被後見人の「これからの人生」を見通す手段の一つといえますが、そのほかに身体・精神的な側面、環境・社会資源の側面、そして最も大切な本人の意思を総合的に把握して本人の望む生活を実現する方策を考えることが後見事務方針であるといえます。

後見活動は、ともすれば独善的になる危険性が高い業務です。自分の行った後見事務や決めた方針などについて、第三者に対し説明責任が果たせるよう十分な検討をし、普段から記録をつけ、活動の客観性を保つ必要があります。適切な後見事務方針に基づいた計画的な活動とその記録があれば、成年後見人等として不要なリスクを回避することにもつながります。

4. 後見事務方針の立て方

次に、後見事務方針を立てるプロセスを説明します。

⑴ アセスメント

成年被後見人等の考え・希望、成年被後見人等ができることと支援が必要なこと、親族関係や近隣・友人関係、収支、資産、生活の状況、利用しているサービス、これらの質や量が適切かなど、後見事務に必要な情報を検討します。

⑵ 計画作成

短期、中期、長期の期間に分けた見通しを立てます。

短期的には、経済状況、健康状況、安全への対応が必要でしょう。収入に対し支出が多い場合は、収入の確保のために利用できる制度などの申請や手配、支出の見直し、各種減免申請などが早急に必要です。体調や障害に合わせた生活が確保されていない場合は、どこでどういうサービスや医療を得るのか、情報収集、契約、手配が必要です。このような緊急な事態がなくても、就任当初は一定量の事務がありますので見込んでおきましょう。

中期的には、生活を継続させるための事務を検討します。成年後見人等の職務、与えられている権限などから、定期的に行う必要がある事務を予測していきます。例えば、介護認定の更新や税申告など時期が決まっている事柄は失念しないように計画しておきます。成年被後見人等の状況の変化に応じて必要になる事務についても予測し準備をします。成年被後見人等が希望している事項があったら盛り込みましょう。

長期的には、終末期医療や看取り、ACP（アドバンス・ケア・プランニング）など後見事務の終わりに必要となる事務について予測し、準備をしていくとよいでしょう。また死後の事務については親族の意向を確認しておくことも大切です（Q56、67参照）。

⑶ 実践（後見活動）

後見事務方針に沿って事務を確実に行います。成年被後見人等には定期的に面談し、成年被後見人等の意思の発出を促してその決定を支援するとともに生活状況を確認する必要があります。このとき、福祉サービスなどが契約どおりに実施されているかも確認します。成年後見人等として行った事務や確認した状況は、すべて記録しておきます。

⑷ モニタリング

後見事務の点検、見直しも必要です。後見事務をチェックする機能として、家庭裁判所の成年後見監督（原則年１回の後見事務報告（Ｑ49参照））や、成年後見監督人等が選任されている場合は成年後見監督人等への報告などが考えられます。報告書を作成する過程で成年後見人等が後見事務を自らチェックし評価することになりますが、こういった機会は成年後見人等にとっては、自分の事務のチェックや評価の機会であると積極的に考えるべきでしょう。また、守秘義務を前提にした事例検討会でほかの人からの意見を聞くのも、とても参考になります。

⑸　再アセスメント

成年被後見人等の考えや心身の状況は日々変化します。提供されている福祉・介護・医療サービスが合わなくなった場合には、課題の確認をし、解決方法を検討します。事務のやり方も不都合があれば再検討し、より適切な方法に変えていきましょう。

<参考>

・最高裁判所「収支予定表」
https://www.courts.go.jp/vc-files/courts/2021/koukentouitusyoshiki/R0304syuushiyoteihyou.pdf

・最高裁判所「収支予定表記載例」
https://www.courts.go.jp/vc-files/courts/2021/koukentouitusyoshiki/R0304kisairei_syuushiyoteihyou.pdf

Q33 金融機関への届出

成年後見人として成年被後見人の財産を管理するにあたって、金融機関に届ける方法を教えてください。

成年後見人は成年被後見人の代理人として財産を管理するので、成年被後見人と取引のある金融機関に届出をする必要があります。保佐人、補助人についても財産管理の代理権が付与されている場合は同様です。

1. 金融機関への届出

(1) 銀行

各銀行により届出の様式が異なりますが、共通の手続きとして以下の書類等が必要です。

① 印鑑

成年後見人が今後使用する取引印の届出が必要です。成年被後見人にキャッシュカードが発行されていれば返却します。

② 成年後見人であることの証

「登記事項証明書」(Q21参照)の提出または原本提示のうえ、コピーの提出が求められます。成年後見登記前に取引をする必要のある場合は「審判書(銀行届出用抄本)および確定通知書」の提示によって手続き可能です。

③ 成年後見人等の本人確認書類

運転免許証等による身分確認が行われます。実印と印鑑登録証明書の提出を求められるところもあります。

どのような書類が必要か、前もって電話等で確認しておくとスムーズです。

(2) 信託銀行、証券会社等

成年被後見人が保有する資産に応じて、信託銀行や証券会社にも届出が必要です。各金融機関によって必要な書類が異なりますので、確認してから手続きを行いましょう。

2. 手続きにあたっての留意点

届出に必要な書類等は金融機関によって異なりますが、いずれの機関でも「登記事項証明書」が求められるので準備しておきましょう（Q21参照）。

通帳の名義は成年後見人や第三者の名義ではなく、成年被後見人の名義とするか、成年後見人が管理している成年被後見人の預貯金であることをはっきりさせることが必要です。例えば「成年被後見人名　成年後見人　成年後見人名」などとなります。なお、民法第13条第１項第３号の「不動産その他重要な財産に関する権利の得喪を目的とする行為」に該当すると認められる定期預金の預け入れについては、成年後見監督人等がついている場合は、その同意を得る必要があるので、注意を要します。

3. 貸金庫の利用

貸金庫の利用の必要がある場合として、不動産の登記済権利証（登記識別情報通知書）や契約書などの重要証書、定期預金証書、貴金属などの保管が必要な場合が考えられます。

成年後見人において新規の貸金庫契約を締結する場合、名義は「成年被後見人名　成年後見人　成年後見人名」などとなります。何らかの事情により成年被後見人としての契約ができない場合、成年後見人の貸金庫に成年被後見人の貴重品や重要書類などを保管することは可能です。封筒やクリアケースなどに入れて、ほかのものと明確に区別して保管することで財産の混同を防ぐようにします。

4. 保佐・補助類型の場合

保佐・補助類型の場合は、「預貯金等金融機関」の取引について代理権が付与されていれば後見類型と同様の手続きを行いますが、可能ならば本人が手続きを行うことを支援し、代理権を行使するときは本人に説明のうえ同意の意思確認をします。

Q34 預貯金の管理

銀行預金、郵便貯金などの管理についてどのようにしたらよいか、管理の方法を教えてください。

後見開始以前に成年被後見人の財産を事実上管理していた人や機関がある場合には、その人から速やかに引継ぎを受けます（Q29参照）。

日常生活のために使用する口座は、年金その他の入金および日常生活費の出金などのため、いつでも金融機関との取引ができる状態にしておく必要があります。

定期預金など普段あまり使わない口座の預金通帳や預金証書については貸金庫に保管するというのも安全な保管手段として有効でしょう（Q33参照）。保佐・補助類型の場合は、「預貯金等金融機関」の取引について代理権が付与されていれば後見類型と同様の手続きを行います。

1．入金・出金の管理

管理を始めるにあたっては、金融機関への「成年後見人等の届出」を行うことになります。「成年後見人等の届出」とは、当該金融機関と取引のある本人の成年後見人等に就任したことを届け出ることです（Q33参照）。

金融機関によっては、成年後見人用のキャッシュカードを発行するところもあります。キャッシュカードの発行は多くの場合有料ですが、ATMでの振込や払戻を利用する場合は、必要に応じて成年後見人用のキャッシュカードの発行を検討するようにしましょう。また昨今、金融機関のデジタル化が進みインターネットバンキングが普及していますが、成年被後見人等が利用しやすい商品開発が望まれています。いずれにしても、家庭裁判所への報告はもちろん本人に対していつでも出入金、残高の状況を説明できるようにしておくことが肝要です。

「振込」や「自動引落」については、毎月引き落されるもの、隔月、1年に1回のもの、という確認も必要でしょう。このことにより成年被後見人の収支予定を把握することができます（Q32参照）。

2. 預貯金の種類

銀行では「預金」、ゆうちょ銀行では「貯金」と呼びます。

預貯金の種類には、銀行では普通預金、当座預金、定期預金、貯蓄預金、通知預金、ゆうちょ銀行では通常貯金、定額貯金などがあります。また近年、財産管理の方策の一つとして後見制度支援信託・支援預貯金の利用も進んでいます（Q35参照）。

定期預金が満期になった場合、その預金が自動継続されるのかどうかや、利息の受け取り方などを含めて、各商品の特性を把握しておくことが必要です。

金融機関からの通知によって、それまで不明であった（紛失の場合も含む）新たな預金の発見もあり得ます。その場合は家庭裁判所に速やかに財産報告を行います。

いずれにしても各銀行や支店・各局によって対応が異なることも考えられるため、当該金融機関への確認が必要です。

3. 通帳類の管理

通帳類は紛失しないように、また盗難に遭わないよう細心の注意を払って管理します。万一盗難に遭っても引き出されないように、通帳、印鑑、キャッシュカードは別々に保管するのが安全です。

通帳類は、成年被後見人ごとに区別して管理します。通帳や証書が複数ある場合や複数の人の後見を受任している場合は一覧表を作成し、誰の何がどこにいくつあるのかを明確にして管理することが必要です。通帳類は日常的金銭管理として普段使うものと、日常的にはあまり使わないものを分けて管理します。日常的にあまり使わない通帳類の管理場所としては、貸金庫を利用するのも一つの方法です（Q33参照）。

35 後見制度支援信託・後見制度支援預貯金

後見制度支援信託・支援預貯金とは、どのようなものですか。特徴やメリット・デメリットを教えてください。

A

1. 後見制度支援信託

後見制度支援信託は、本人の財産のうち、日常的な支払をするのに必要十分な金銭を預貯金等として成年後見人が管理し、通常使用しない金銭を信託銀行等に信託する仕組みのことで、本人の財産を適切に保護することができるというメリットがあります。信託財産は、元本が保証され、預金保険制度の保護対象にもなります。後見制度支援信託を利用すると、信託財産を払い戻したり、信託契約を解約したりするには、あらかじめ家庭裁判所が発行する指示書を必要とするというものです。保佐、補助および任意後見では利用することができません。

そもそもこの制度は、後見人等による不適切な財産管理を防止するための方策として、2012（平成24）年から運用が開始されました。運用が開始される前後において、専門職団体は、本人に与えるデメリットについての意見を提出しました。

デメリットとして指摘されていることは、①本人にとって必要な生活の質の向上のための積極的な財産活用を阻害するおそれがあること、②後見類型に限定しており、本人の意向ではなく成年後見人と家庭裁判所側の必要性から判断される仕組みは意思決定支援の考え方から問題があること、③本人の財産を適切に保護することができるという財産管理の一つの方法、といいながら、被保佐人、被補助人が利用を希望しても利用できないこと、等です。

また、本来は親族後見人を選任するにあたり、利用が検討されるという説明であったものが、専門職が選任された場合においても家庭裁判所によっては後見制度支援信託を利用することで監督人が選任されないと受け止められるような進め方をするなど、問題が指摘されています。

2. 後見制度支援預貯金

後見制度支援預貯金とは、本人の財産のうち、日常的な支払をするのに必要十分な

金銭を預貯金等として成年後見人が管理し、通常使用しない金銭を後見制度支援預金口座に預け入れる仕組みのことです。通常の預貯金と異なり、後見制度支援預金口座にかかる取引（入出金や口座解約）をする場合には、あらかじめ裁判所が発行する指示書を必要とすることで、後見制度支援信託と同様に、本人財産の保護を簡易・確実に行うことができます。後見制度支援預金口座は、本人が日常的に利用してきた一部の銀行や信用組合・信用金庫で開設することができるため、近くに信託銀行等がない方にも利用しやすくなっているというメリットがあります。

デメリットについては、後見制度支援信託と同様です。

3. 今後の方向性

2020（令和２）年３月に成年後見制度利用促進専門家会議がとりまとめた「成年後見制度利用促進基本計画に係る中間検証報告書」によると、「後見制度支援信託」「後見制度支援預貯金」の導入により、後見人等による不正防止に有用であることや、親族後見人の適切な選任にも資するとされています。しかし、専門家会議においては、「後見人に与えられた本人意思を尊重した財産管理や身上保護を強力な力で封じ込めるものである」との批判もなされています。

また、本人の意思を尊重した成年被後見人も含めた本人が希望した場合に利用できるような運用改善に取り組むとともに、管理する側の扱いやすさではなく、本人側にとって使いやすい金融商品の開発も同時に求められるべきと考えます。

Q36 株式・有価証券など金融資産の管理

成年後見人に就任して、株式・有価証券などの金融資産を管理することになりました。注意すべき点を教えてください。

1. 株式・有価証券の管理についての考え方

株式や投資信託などの投機性のある資産の管理については、売却して預貯金として管理すべきか、そのまま保有しておくべきか判断が難しいものです。価格が上下するため、その時点での売却が相当だったかどうかの問題が生じるからです。

また、判断能力があった時点での本人の意思による契約である場合、その意思を最大限に尊重するという観点から、たとえ財産を減らす結果になったとしても、現金化する必要性が乏しい場合はそのまま保有しておくという判断になる可能性もあります。

会社の破綻などにより価格の下落が当然予想されるような場合であれば売却などの対応が必要なこともありますが、専門的な判断が求められますので家庭裁判所や専門家に相談してください。保佐・補助類型の場合は、「預貯金等金融機関」の取引について代理権が付与されていれば、後見類型と同様の考え方で管理を行います。

2. 株式の管理

株主権の管理は証券保管振替機構（「ほふり」）および証券会社などの金融機関に開設された口座において電子的に行われています。上場株券のほか、上場投資証券および上場優先出資証券や投資信託等も株券電子化の対象となりますので注意が必要です。

上場会社の株などは、成年被後見人等がどこの証券会社と取引しているか確認します。郵便物のなかから運用実績の報告書等を探し、担当者に連絡を取るなどして後見が開始されたことの手続きが必要かどうか確認します。

3. その他の有価証券の管理

株式以外の有価証券については、その有価証券の特質に応じて保管します。

例えば、国債や社債の場合は、安全を確認したうえで償還の期限までそのまま保管したり、手形・小切手などは銀行に取立を依頼したり、商品券などは必要な買い物に使ったり、現金化してくれる店で現金化することも考えられます。

注意しなければならないのは、期限を徒過することによって価値がなくなってしまったり、有価証券としての権利行使ができなくなる類の有価証券です。

いずれにしても、成年後見人等の財産管理の原則は、決して増やすことではなく、安全に元本が減らないように注意することにあります。

4. 多様な金融商品

昨今、ビットコインやイーサリアムといった暗号資産（仮想通貨）など多様な形態の金融商品を保有している成年被後見人等もいます。財産管理を代理する成年後見人等は、上記で述べたように成年被後見人等の財産を増やすことではなく、安全に元本が減らないように管理するのが鉄則ですので、仮想通貨のように価値が大きく変動する資産は取り扱いが難しいものです。本人と家庭裁判所に相談して、適切な時期に管理がしやすい他の金融商品に資金移動することを検討するのがいいでしょう。

ただし、その資産を購入保有しようとした成年被後見人等の意思は現在どうなのか、たとえ価値が下がろうともその商品を持っていたいという気持ちが明らかであれば、そのまま保有しておくことも考えられます。

いずれにしても、家庭裁判所に財産報告をする際には刻々と変わるその金融商品の「時価」を調べて報告することになります。

Q37 所有する不動産の管理

成年被後見人等が所有する不動産の管理、特に家屋、アパート・マンション、駐車場の管理について注意しなければならないのはどういう点でしょうか。

1. 不動産の管理全般を通じて

不動産の管理全般に通じることですが、成年後見人等が就任の初めに行う財産目録作成の段階で、申立書類に不動産登記簿謄本が添付されていない場合は取り寄せます。不動産登記簿謄本は、その不動産の所在地を管轄する法務局（またはその出張所）で、登記簿謄本の交付申請書に必要事項を記載して、窓口へ行った者が記名・捺印すれば誰でもその交付申請をすることができます。また、法務局が遠隔地の場合や直接行く時間がない場合などは、郵送でも取り寄せることができます。

この謄本から、所有名義人、抵当権等の存在など必要な情報が得られます。所有名義人が先代、先々代などの場合は相続登記を完了しておくべきでしょう。

次に、固定資産税・都市計画税などの税金の支払状況を地元自治体の固定資産税担当部署などに確認します。また、抵当権が設定されている場合は、その被担保債権である借入金などの返済が滞っていないかどうかも確認します。火災保険や地震保険などについて、加入状況の確認や更新手続きを忘れずに行います。

2. 所有する不動産の形態別留意事項

(1) 自己所有の不動産を自己が使用している場合

① 家屋

家屋の管理関係で必要な視点としては、家屋としての価値の維持です。①修理すべき箇所はないか、②修理が必要となった場合の資金手当、③工事業者の選定、④壁紙や床材・タイルなどの選択のほか、⑤使用目的に合わせた建替えや、⑥買換えなどを念頭においてください。しかし、あまり大規模な改築や買換えは、成年被後見人等の情緒を不安定にするおそれもありますので十分に注意が必要です。居宅の処分には家庭裁判所の許可も必要です（Q52参照）。

② 敷地、庭

居住する建物の敷地や庭の維持管理も必要です。雑草や不用品が敷地内に放置してあると火災やゴミ集積の原因にもなりかねないので、成年被後見人等と相談して業者に委託するなどして除草や撤去清掃を行います。

③ マンション

自己所有のマンションなどの集合住宅に居住している場合は、管理組合等の規約を確認し、建物全体の維持管理に協力する必要があります。管理費や大規模修繕の積立金の未納がないか、消防点検や排水管清掃の協力義務は果たしているか、ゴミ出しや共有スペースのルールを守っているか等を確認し、建物全体の価値の維持に努めます。

(2) 自己所有の土地または建物を賃貸している場合

成年被後見人等の所有する不動産を他人に賃貸している場合は、賃貸借契約書で借主が誰か、賃貸借期間がいつ満了するか確認します。また、これまでの賃料の収受状況の確認も必要です。未払いが続いているようなら催告しなければなりませんし、それでも支払ってもらえない場合は契約を解除して土地や家屋を明け渡してもらう必要があるかもしれません。この場合は、できれば事前に弁護士に相談をして法的助言を得て、問題点を十分に把握しておきます。

駐車場経営の場合、その管理態様の把握が必要です。月極なのか、時間貸しなのか、企業などに一括まとめ貸しなのかによって管理の方法が違います。契約をしていない車両の不法駐車に対する措置や、機器の損壊、駐車料の不払いの場合の対応、契約更新の問題などが予想されます。

成年被後見人等が貸家や貸駐車場をたくさんもっている場合など、成年後見人等が管理することが困難な場合もあります。これらの事務は煩雑でいろいろな調整も必要なため、近くの信頼できる不動産業者に管理委託することも検討しましょう。この場合、管理にどのくらいの費用がかかるか、事前にしっかりチェックしてください。

なお、賃料については、確定申告が必要になる場合がありますが、成年被後見人の代理人として成年後見人が税申告することになります。また必要に応じて専門家に相談することも検討しましょう。

(3) 田畑、山林等を所有している場合

成年被後見人等が田畑や山林、雑種地等を所有している場合もあります。成年被後見人自身が耕作や栽培を行い土地活用している場合は、たとえ収入につながらなくとも趣味生きがいを支援するため、成年後見人等の身上保護の一環として本人の活動を見守り、土地の維持管理に努めましょう。活用されず荒地となっている田畑・山林・雑種地等を所有している場合は、維持管理費、固定資産税の負担も考慮に入れて、本人・親族・専門家の意見を聞きつつ小作活用・売却等の方策を考えることも検討しましょう。

3. 安全、衛生対策

成年被後見人等が所有している不動産について、留意すべきことはゴミの処理、雑草問題です。所有者責任において、悪臭防止・火災予防を講じることは近隣との関係を良好に保つためにも必要ですので、常に環境改善に留意しましょう。

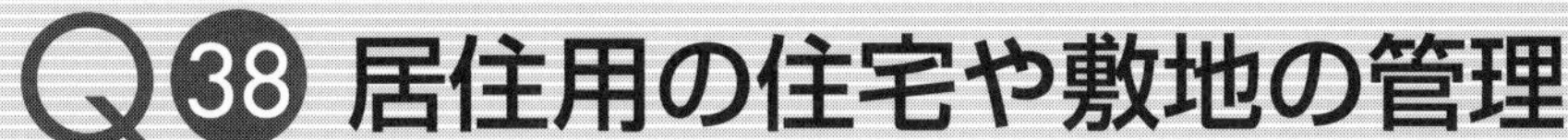

Q38 居住用の住宅や敷地の管理

成年被後見人等の自宅の管理について考えなければいけないことは何ですか。また入院や入所でしばらく不在になるときの注意点を教えてください。

まず最初に確認しておくべきことは、民法は、居住環境の整備を成年被後見人等の身上配慮の重要事項としていることです。

1. 居住用不動産とは

民法は、「成年後見人は、成年被後見人に代わって、その居住の用に供する建物又はその敷地について、売却、賃貸、賃貸借の解除又は抵当権の設定その他これらに準ずる処分をするには、家庭裁判所の許可を得なければならない」（後見の場合：民法第859条の３。保佐の場合：民法第876条の５第２項、補助の場合：民法第876条の10第１項で準用）と個別の規定を設けています。「居住の用に供する」とは、現在入院中で居住していなくても、退院後自宅に帰る可能性がある場合も含まれます。この規定は、「精神医学的に住居の環境は本人の心神の状況に多大な影響を与えるものとされており、本人の身上面に対する悪影響の防止の観点から、本人の住居の処分等に関する成年後見人の権限を法律上制限すること」の必要性につき検討された結果です。

したがって、仮に退院後自宅での生活ができないことが明白であり、成年被後見人等に代わって賃貸借契約の解除などが必要である場合であっても、成年後見人等は、すぐに借家に関する処分をしてはならず、家庭裁判所の許可を得なければなりません（Q52参照）。

2. 居住用不動産の権利関係の確認

まず、居住用の住宅が自己所有の不動産の場合は、登記簿謄本や固定資産税の納税状況を確認します。共有名義人の有無、住宅ローンや抵当権の有無も確認し、もし未払いの税金があれば支払います（Q37参照）。

借家の場合は賃貸借契約書（または写し）を入手するとともに、賃料額と支払状況を確認します。また、更新の時期、更新料の額も確認します。もし家賃が不払いになっていれば、その理由を確認したうえで本人が賃借人であれば未払額を支払うことが必要になります。

3. 居住環境の維持

成年被後見人等の住宅の安全衛生面での維持・管理にも気をつけましょう。

成年被後見人等が在宅生活の場合、成年後見人等が生活状況の確認のため訪問する際には、屋内外の居住環境について注意深く観察します。清掃状況やゴミ処理といった衛生面とともに、本人のADLに適合した構造になっているか、老朽化して修繕が必要な箇所がないかといった安全面についても注意深く観察し、必要があれば介護支援専門員等と連携して住宅改修や家屋修繕を検討します。

一人暮らしをしていた成年被後見人等が長期の入院や施設へ入所したため、空き家となってしまった住居敷地の管理は、成年後見人等の財産管理の一環として行わなければなりません。家屋内に食品やゴミが放置されたままであると、悪臭の原因となりますし、敷地内の雑草や老朽化住宅については防火・防犯上の理由で近隣地域からの苦情の原因ともなります。また、不在住宅へ郵便物が届くこともあるので定期的に見回って回収することも必要になってきます。

なお、本人不在の家屋内に立ち入るときは、本人の了解を得たうえで複数人で立ち入るなどの配慮をしましょう。

また、成年被後見人等が借家住まいの場合、長期の入院入所に際し賃貸契約を解除するかどうかが問題になります。たとえ成年被後見人等に資力があり成年後見人等が責任をもって家賃を支払っていたとしても、家主からは空き室の管理上の問題から解約を求められる場合もあります。注意すべきは、住まいを失うということは成年被後見人等にとって生活の拠り所を無くすという意味で心身に重大な影響を与えますので、慎重に検討し家庭裁判所に「居住用不動産の処分申立て」を行い許可を得る必要があります（Q52参照）。

Q39 不動産の取引

収支状況の悪化が見込まれ、成年被後見人等が所有する不動産を売却して生活費に充てることになりました。どのような点に注意すべきでしょうか。

不動産が成年被後見人等の居住用の住宅である場合は、事前に家庭裁判所の許可が必要であることはQ52を参照してください。また、成年被後見人等が不動産を取得する場合の留意点についてはQ44を参照してください。

1. 不動産処分の妥当性検討

成年後見人等の財産管理の目的は、成年被後見人等の財産を安全に保有することですので、不動産等の財産はやむを得ない事情がない限り、処分（売却）すべきではないでしょう。

成年被後見人等の療養看護に必要な資金が不足する場合、不動産処分以外の方法で資金を工面することはできないでしょうか。不動産売却は最後の手段と認識して、さまざまな検討をしましょう。居住用の不動産であれば、保有しつつ生活保護を受給できる場合もあります。また、居住しつつ当該不動産を担保にして借り入れを行う「リバースモゲージ」という制度もあるので検討しましょう。居住用の不動産処分については、家庭裁判所の許可が必要です（Q52参照）。

所有する不動産が共有名義の場合は、後々のトラブルを避けるために共有名義人に事情を説明したうえで本人の意思も確認し、合意を得たのち、売却代金を入手後の資金分割方法などについて覚書を交わすなどしておくことが大切です。不動産の取引は大きな資金移動が伴うので、居住用不動産ではなくとも事前に家庭裁判所に相談するほか、弁護士等の専門家に相談するのがよいでしょう。

2. 本人の意思決定支援

まず、成年被後見人等が所有する自宅やその他不動産について、本人は売却する意思があるかどうか確認する必要があります。本人が理解できるような言葉でできるだけ丁寧に何回も説明します。

たとえ居住用ではない不動産であっても、上記の通りほかの方法で資金を得る検討を重ねることが大切です。この際、成年後見人等の一人の知識経験では不足する場合もあるので、本人を支援するケアチームで検討するとともに不動産関係の専門家に相談することが重要です。手放してしまってからでは取り返しがつきません。「本人の意思で決めたこと」と言って、代理権をもつ成年後見人等が責任を逃れることはできません。のちに禍根を残さぬよう念には念を入れて慎重に進める必要があります。

3. 不動産取引の実際

上記の検討を踏んだうえで、成年被後見人等が所有する不動産を売却することになったら、以下の手順で進めます。

⑴ 準備

不動産を売買する準備として、不動産の登記識別情報通知書または登記済証（いわゆる権利証）の所在を確認します。また、土地の実測図も必要です。さらに、登記簿謄本で抵当権などの存在を確認して、残債務全額を支払った後には抵当権の抹消登記を行うことについて、債権者（主には銀行など）に了解を得ておきます。

⑵ 仲介の依頼

不動産業者に売買の仲介を依頼する場合、複数の業者への媒介依頼が可能な一般媒介と、特定の業者のみと特定の期間（宅地建物取引業法第34条の２第３項により３か月と規定）媒介を依頼する専任媒介、さらに、専任媒介のうち自身（媒介を依頼した者）で見つけた者との契約も禁止される専属専任媒介の三つの依頼方法があります。一般媒介と、専任媒介の場合には、自身が見つけた者と契約をすることも許容されます。

どの形態の媒介契約とするかは、一長一短あり、具体的な状況に応じて選択することになると思われますが、特に信頼できるような業者がいない場合には、契約の拘束力が比較的弱い一般媒介とするのが適当ということが多いと思われます。

⑶ 契約の内容

契約の条件についてよく話し合います。成年被後見人等のための契約で不注意によるミスは許されません。

手付金は、解約手付けが原則です。買主は支払った手付けを放棄すればいつでも解約できますし、売主は支払いを受けた手付金を返してさらに同額（倍返し）を支払えば契約を解除することができます。売主となる成年後見人等が手付けの倍返しにより売買契約を解除した場合、成年被後見人等に損害を与えることになるので、そのような事態とならないように十分に注意しなければなりません。

⑷　残代金の支払いと引渡し

残代金の支払いと不動産の引渡しは、契約に定められた期日に行います。また、抵当権などの登記があれば、売主が受領した残代金から債務の弁済をして、これと引替えに抹消登記に必要な書類の交付を受けます。

4. 専門家の立会い

不動産の売買は、取り扱う金額が多額になります。不測の事態に備えて、できれば弁護士、司法書士、税理士など不動産取引に慣れた専門家に依頼しましょう。

また、不動産の売買には税金が伴います。契約書には印紙、売主は譲渡所得税、買主には不動産取得税などがかかります。固定資産税などの精算も必要です。譲渡所得税は高額になりがちのうえ、居住用財産を譲渡した場合の3000万円の特別控除や10年以上所有していた居住用財産を譲渡した場合の軽減税率など税法上いろいろな特例もあるので税理士に相談すべきでしょう。

Q40 税金に関する職務

成年後見人等は、成年被後見人等の税金の申告や納付についてどのように行いますか。

成年被後見人に、年金収入以外に、賃料収入などの不動産所得や不動産譲渡所得などがある場合には、確定申告をしなければなりません。成年被後見人が申告などを行うことができなければ、成年後見人等の職務として行うことが必要です。また、納税も成年後見人の職務となります。

地方税については、成年後見人等が税金の管理を行っているなど成年被後見人等が納税できない場合は、納税管理人を設定することにより、住民税の納税手続き等を本人に代わって行うことができます。納税管理人を設定した場合、納税通知書、納付書等は納税管理人宛てに送付されます。なお、この手続きは、必要な事由が生じた日から10日以内に行う必要があります。

1. 税金の種類と管轄

国税：所得税、相続税などです。管轄官庁は、税務署となります。

地方税：固定資産税、住民税、不動産取得税などです。管轄官庁は、都道府県税事務所と市町村役場となります。

2. 税務申告・納税が必要な場合

税務申告や税金の納税は、主に以下のような場合に行います。

① 不動産の地代や家賃、駐車場料金等の収入がある場合

② 不動産や有価証券を譲渡した場合

③ 財産を相続した場合

④ 医療費控除、災害等の控除による還付請求をする場合

⑤ 修正申告、更正申告をする場合

⑥ 住民税、国民健康保険税、固定資産税等を納付する場合

このほかに、株式等の配当を受けた場合や、私的年金等を受け取った場合にも税金

は関係しますので、注意をしてください。また、税金についてのさまざまな軽減や免除の特例がありますので確認が必要です。

3. 相続税・所得税における成年被後見人の特別障害者控除の適用

成年被後見人は「精神上の障害により事理を弁識する能力を欠く常況にある者」に該当し、所得税法上の特別障害者（所得税法施行令第10条第２項第１号）に該当すると同時に相続税法上の特別障害者（相続税法施行令第４条の４第２項第１号、相続税法第19条の４第２項）にも該当し、障害者控除の対象となります。また、被保佐人・被補助人については、被保佐人や被補助人だから控除の対象ということではなく、それぞれの状況によって障害者控除の対象かを検討することになります。特別障害者控除証明書等は、住民票のある行政の介護保険課窓口等で申請することができます。

<参考>

・日税連成年後見支援センター「成年後見Q＆A」日本税理士会連合会
https://www.nichizeiren-seinenkouken.org/faq/index.html#qa_5

3 後見事務

Q41 福祉サービスとの連携

成年被後見人等が福祉サービスを利用する必要がありますが、成年後見人等としてサービス利用契約の締結について、どのような対応をしたらよいでしょうか。すでに施設に入居している場合についても、説明してください。

1. 福祉サービスの契約締結について

ここで大事なことは、福祉サービスの契約については、後見類型の場合は成年後見人が代理で契約を行うことができますが、保佐・補助類型の場合には福祉サービスの契約についての代理権が付与されていなければ代理での契約はできません。任意後見の場合もあらかじめ代理権目録において「介護契約その他福祉サービス利用契約等に関する事項」の代理権が付与されていなければ代理による契約はできません。

(1) 認定調査を受ける

介護保険サービスを利用するには、まずは、市町村に申請をし、要支援や要介護の認定を受ける必要があります。そして、サービスを利用するための「ケアプラン（居宅サービス計画)」を作成することが必要となります。「ケアプラン」の作成は介護支援専門員に依頼するのが一般的です。

障害者総合支援法では、サービス利用の申請を市町村に行います。申請を行うと市町村から現在の生活や障害について調査を受けます。その後、介護給付を受ける場合には障害支援区分が決定されます。計画相談支援により「サービス利用支援」が受けられます。相談支援専門員が、サービス利用支援における「サービス等利用計画（案)」の作成を行います。自分（家族）でセルフプランを作成することもできますが、計画相談支援を利用すれば無料で作成してもらうことができます。障害支援区分や介護する人の状況、本人の希望をもとにサービスの支給量が決まり通知されます。サービス利用の決定前（支給決定前）に作成するのが「サービス等利用計画案」、サービス利用の決定後（支給決定後）に作成するのが「サービス等利用計画」です。サービスの利用者には「障害福祉サービス受給者証」が交付されます。

(2) 居宅介護支援事業者や相談支援事業者との契約

介護保険において介護支援専門員の支援を受けるためには、介護支援専門員の属する居宅介護支援事業者と成年後見人等との間で契約を結ぶことが必要です。契約は成年後見人等の重要な法律行為です。成年被後見人等も成年後見人等も安心して相談できる事業者を選ぶことが重要です。居宅介護支援事業者を選ぶには、行政が提供している事業者一覧などから探します。判断がつかないときには成年被後見人等が住んでいる地域の地域包括支援センターなどから情報提供を受けることもできます。

障害者総合支援法では、計画相談支援を提供している事業所は、「特定相談支援事業所」になります。特定相談支援事業所とは、市町村が指定する相談支援事業所です。さまざまな相談に応じる「基本相談支援」に加えて、サービス利用を希望する方に向けた「サービス利用支援」「継続サービス利用支援」を行います。サービス利用支援とは、サービスの利用申請に必要な「サービス等利用計画案」の作成や、サービスを提供する事業者との連絡調整などを行います。継続サービス利用支援とは、既に提供が始まっているサービスを見直す支援です。サービス利用者に対して、一定期間ごとに「サービス等利用計画」を見直すモニタリングを行います。モニタリングの結果をもとに、必要に応じて関係機関を集めた会議の実施、サービス利用の更新、サービス等利用計画の見直しに関する調整を行います。そのため、成年後見人等は特定相談支援事業者（相談支援専門員）に「サービス等利用計画案」（計画相談）の依頼を行います。サービス利用計画作成費が支給されますので、自己負担はありません。

(3) アセスメントに関して

成年後見人等は、介護支援専門員・相談支援専門員が成年被後見人等のアセスメント（事前評価）を行うときに、情報提供を求められることも考えられます。場合によっては面接の場に立ち会うことも必要です。

(4) 計画「ケアプラン・サービス利用計画」の作成に関して

介護支援専門員が作成したケアプラン（居宅サービス計画）や相談支援専門員が作成したケアプラン（サービス等利用計画）を確認することが必要です。介護支援専門員や相談支援専門員はケアプラン作成にあたって本人および家族の意向を尊重し、その同意を必要とすることになっています。成年被後見人等の意向を伝え、同意のための説明が適切になされているか、一緒に確認することが必要です。

(5) 福祉サービスの提供を受けるには

成年被後見人等はケアプランに基づきサービス提供事業者ごとに契約を結ぶことになります。契約が完了した段階でサービス利用が開始されます。サービス提供事業者が複数である場合は契約が煩雑になります。しかし、それをそれぞれ確認することが成年後見人等の行うべき職務です。その際、重要事項説明書、契約書の内容を確認し、不明な点や疑問が生じた場合は、事業所や行政担当者に相談するなど契約内容を理解し、納得してから契約締結をすることが重要です。

契約書における確認のポイントは、契約の目的・期間、サービス時間、利用料金、利用料金以外の費用（日用品費、交通費）、キャンセル料、損害賠償、解約の場合の手続き、苦情対応窓口、緊急時の対応などです。

また受けているサービスのなかで給付対象外サービスはどのようなものか、提供を受けた場合の費用負担はどのように行うのか（料金については重要事項説明書のなかに明示されます）。また支払日や方法（振込みか手渡しかなど）、守秘義務や親族への記録の開示などについても確認が必要です。

契約後はケアプランどおりサービス提供がなされているか、チェックします。

(6) 市町村サービスの提供を受ける場合

在宅サービスには、介護保険サービスや障害者総合支援法のサービスのほかに市町村が独自に行っている市町村サービスがあります。市町村サービスは、サービスによって行政の担当窓口や、地域包括支援センターなどの機関で手続きを行うものがあります。行政窓口などで情報収集をすることや必要な冊子を取り寄せるなどの対応が必要です。

2. 成年被後見人等が施設等に入所している場合

施設は、成年被後見人等に対して居住機能のほかに食事、入浴、排泄などの日常生活を送るために必要なサービス、レクリエーションなどの余暇生きがい支援のサービス、医療的サービスなどさまざまなものを提供しています。しかし、すべての施設が上記サービスのすべてを提供しているわけではありません。成年被後見人等の状態や施設の種別などの要素により個々に異なりますので確認が必要です。

成年被後見人等が特別養護老人ホームや介護老人保健施設・認知症対応型共同生活介護等の施設に入所している場合は、基本的なサービスは施設から提供されます。特に、日常的な見守りについての成年後見人等の心理的な負担は、在宅の成年被後見人等の場合とは相当に違うのが事実でしょう。しかし、成年後見人等としては、施設がサービスを提供することで安心してしまうことはできません。施設のサービスが適切か、契約どおりのサービスが提供されているか、契約履行のチェックが必要です。また、施設を利用している場合に病気やけがで病院にかかり、入院するようなときは、成年後見人等に対して施設から速やかに連絡をもらうように手配をしておくことが必要です。また、成年被後見人等の日常に必要なものの購入など、日常の金銭について成年後見人等がすべて行うのは難しい場合もあります。その場合、日常金銭管理に関して施設と委任契約を締結するということも考えられます。このように考えると、サービス提供者である施設と、利用者の代理人である成年後見人等とは、成年被後見人等への対応に関して連携していくことが必要です。

(1) 施設サービス契約のチェック、履行の確認

成年後見人等が契約の内容を十分把握し、適切にサービス提供されているか確認が必要です。

(2) 日常的金銭の管理（委任契約）

高額な預金などの管理を施設に委任するのは適切ではありません。日常的な範囲での金銭管理について成年後見人等と施設が委任契約を結ぶことができます。日常的金銭管理契約の対価として管理料の支払が発生することもあります。日常生活に必要な衣類、雑貨、副食などの購入は実質的には施設側に依頼する場合があります。このような場合には、預けきりではなく、施設側から適切な報告を受けるなど、帳簿の確認を行います。

(3) 緊急時の対応

緊急時の対応について、その費用の支出方法なども施設側と取り決めておく必要があります。例えば、緊急の入院が必要になった場合の連絡方法や役割分担、必要物品の購入に係る費用をどのように出費するかなどです。

その他にも、成年被後見人等が死亡したときの連絡について、連絡方法や連絡の範囲を、親族がいる場合には相談することも必要でしょう。

(4) 高齢者の住まい

2の「成年被後見人等が施設等に入所している場合」とは、介護付きの施設となります。例えば、有料老人ホームでは介護付有料老人ホームと住宅型有料老人ホームは介護保険サービスの提供方法が異なります。介護付有料老人ホームは、介護スタッフによって介護サービスが提供されていますが、住宅型有料老人ホームはホームとは別に介護保険サービス事業者が介護を提供します。そのため介護サービスが必要な場合は、1の「福祉サービスの契約締結について」と同様に介護支援専門員によるケアプランの作成、訪問介護・訪問看護・デイサービスなどの介護サービス事業所との契約によってサービスが提供されます。

すなわち、成年後見人等が入居者自身の意向を確認し必要なサービスを選択して契約を行うことになります。

Q42 支援チームとネットワークの構築

成年後見人等として、福祉サービス提供事業者などの関係機関とはどのように連携をとっていけばよいでしょうか。

成年被後見人等の人生を支えていくとはいえ、成年後見人等は成年被後見人等と生活をともにするわけでもなく、直接介護をするわけでもありません。しかし、実際の生活場面ではさまざまな出来事や課題が生じます。成年後見人等がそのすべてを一人で解決することは困難です。また、成年被後見人等の推定意思や最善の利益に基づく方針、実現支援に際しては、独断的な結論に至ることは避けなければなりません。そのためには、成年被後見人等の生活を支える関係者が支援チームをつくって複合的な視点から検討することが必要となります。支援チームのためには支援ネットワークをつくり、協力・連携し、それぞれ役割分担して支援にあたることが必要です。

成年後見人等も、「本人の代理人」という役割と権限をもつ「支援者」です。任務の遂行にあたっては、成年被後見人等の自己決定権を尊重し意思決定支援ができるような、支援環境の整備に努めることが必要です。

1. サービス提供内容の確認と支援環境の整備

提供されるサービスが計画どおりに実施されているか、計画は適切であったか、成年被後見人等の状況に変化はないかなどの確認をします。成年後見人等は、サービス内容をチェックし、要望を伝えていくという役割が果たせるよう、できるだけ制度やケアプランについて理解していることが必要になります。直接、成年被後見人等への訪問や面談だけではなく、関係者からの情報を引き出すことも心がけます。また、サービス担当者会議などに参加し、成年被後見人等の生活状況を確認していきます。

サービスの提供が計画どおりでない場合は、事業者に対して改善の申入れをすることが必要です。成年後見人等は、成年被後見人等の意向・希望、感情、信念に沿ったサービスが提供されるように、あらゆる情報に照らし合わせ、もし別のサービスが望ましいと判断した場合は、ケアプランの変更を介護支援専門員や相談支援専門員に申し出る必要もあります。また介護保険では、成年後見人等はサービスの利用料と成年被後見人等の経済状況などを比較検討し、サービス量の調整を介護支援専門員に相談しなくてはならないこともあります。介護支援専門員は、サービス提供に際しては毎月「サービス利用表」によりサービスの量、費用の見通しなどを報告し承諾を求めますので、成年後見人等はその際に介護支援専門員と情報交換を行い、支援環境の整備をしていくことが必要です。また、成年被後見人等の状況によっては、将来に向けて入院・入所について情報交換することも必要です。成年被後見人等の急変の際の対応についても同様に相談しておいたほうがよいでしょう。

2. 支援ネットワークの構築

以上のように支援環境の整備においては、本人に身近な親族、福祉・医療、地域等の関係者と成年後見人等が支援チームとなって日常的に本人を見守り、本人の意思や状況を継続的に把握し必要な対応を行います。支援チームは必ずしも一からつくる必要はなく、実際には、介護支援専門員や相談支援専門員等がつくっている既存のチームに後見人が参加するケースも少なくないと考えられます。例えば、ケアプラン作成に際しては各種関係会議（サービス担当者会議など）が開かれますので、参加要請があるのを待つのではなく、成年被後見人等が会議へ参加できるような環境整備を促します。そして、支援チームによる意思決定支援が最大限可能となるよう、エンパワメントに努めることが必要です。支援を尽くしても成年被後見人等の意思決定支援が意思決定能力アセスメント等から現実的に不可能であるときに、成年後見人等は代行決定として、本人の推定意思に基づく代行決定、本人にとって最善の利益に基づく代行決定というようにプロセスを経て代行決定を行うことになります。

成年被後見人等の最善の利益に基づく方針や実現支援に際しては、成年被後見人等の健康・幸福・安全について真摯な関心を有している支援関係者などに相談をして、成年被後見人等の信条・価値感・選好を最大限尊重した本人にとっての最善の利益に基づく方針を採ることが必要です。そのために、日ごろから支援環境を整備し、充実させていくように協力・連携を図り、支援ネットワークを構築していくことが、成年被後見人等の意思を尊重し、生活を支え、生活の質の向上を図るために重要です。

また、専門職の成年後見人等は地域の仕組みづくりとして地域の専門職団体としての協力体制を構築し、地域連携ネットワークの仕組みとして、すでに取り組まれている地域ケア会議や障害者自立支援協議会などの既存の協議体等に権利擁護支援の専門職として参加し、顔の見える支援体制を構築することが必要です。さらにかかわりのある家庭裁判所や公証役場等との連携を進めることで、「司法」との関係づくりを構築することができます。このように成年後見人等は地域の中核機関等と連携して地域連携ネットワーク体制の構築への参画も求められます。

 43 居所の変更（施設入所）

成年被後見人等が施設に入所するとき、成年後見人等としてはどうしたらよいでしょうか。

A

1. 成年後見人等の身上配慮義務

成年後見人等は、成年被後見人等の自己決定を尊重しながら、成年被後見人等の心身の状態および生活の状況について配慮する義務があります（Q 4参照）。

ここで、成年後見人等の身上配慮義務について確認しておきます。身上保護を目的とする法律行為には、2000（平成12）年4月1日より開始された介護保険を中心とする介護契約も含まれます。また、売買契約や賃貸借契約などの財産管理に関する事項も、成年被後見人等の身上に大きくかかわる事項が多いため、成年後見人等は当然ながら、成年被後見人等の身上に配慮した後見事務を行う義務があるといえます。

「後見事務のガイドライン」では、「後見人等が直接関与して意思決定支援を行うことが求められる場面は、原則として、本人にとって重大な影響を与えるような法律行為の場面として、①施設への入所契約など本人の居所に関する重要な決定を行う場合、②自宅の売却、高額な資産の売却等、法的に重要な決定をする場合、③特定の親族に対する贈与・経済的援助を行う場合などの直接的には本人のためとは言い難い支出をする場合など」があげられています。

具体的には、まず、本人の意思確認を行います。意思決定が明確でないときには、支援チームをつくって、意思決定支援を行います。「後見事務のガイドライン」に沿って丁寧な意思決定支援を行うことが求められます。実行可能なあらゆる支援を尽くさなければ、代行決定に移ってはならないということになります。

施設への入所契約では、成年後見人等は、なぜ在宅生活ではなく、施設入所という選択肢になるのかを考える必要があります。何度も、誰のための施設入所なのかを熟考してください。そして、成年被後見人等に対して意思決定支援を尽くしたうえで、成年後見監督人等、家庭裁判所に対しても十分な説明材料を準備する必要があります。

例えば、在宅生活から施設入所に変化することでの成年被後見人等の生活上のメリットを「ケアの量」「ケアの質」「リスク管理」「社会性」「経済性」「医療ケアへの接点」などという具体的視点から説明できるよう整理しておくことも方法の一つといえます。同時に施設入所の期間や成年被後見人等が入所により制限される事項、あるいは入所契約を解約したいと思った場合など、成年被後見人等の立場から入所以前に確認しておきたい事柄などについて成年後見人等が必要に応じて確認しておく必要があります。

ここで重要な点は、居所指定権の行使の問題です。これは、本人が入所を拒絶している場合に、成年後見人等が入所を強制することはできないということです。成年後見人等には、「本人に対する居所指定権」は認められていません。したがって、成年後見人等が同意能力のある本人の意思に反して入所を強制することはできません。老人福祉法上の市町村の職権による措置「やむを得ない事由による措置」については例外です。

2. 成年被後見人等の意思の把握の方法

「後見事務のガイドライン」では、意思が表明された場合には、本人および支援者らにおいて意思決定能力について特段疑問をもたない限り、成年後見人等は、本人の意思決定に沿った支援を展開することが求められます。本人の表明された意思に関し、支援者らの評価・解釈に齟齬（そご）や対立がみられる場合には、再度意思決定支援を行う必要があります。本人の意思に揺らぎがみられるような場合、一定期間見守り、確認することになります。

成年被後見人等の意思決定能力が不十分であっても、生活の場が変わるということについて、またその場が入所型施設ということについてさまざまな工夫を駆使しながら説明を丁寧に行い、少なくとも説明に対する成年被後見人等の反応を成年後見人等として把握しておく必要があります。具体的には、成年被後見人等と一緒に施設見学に行くことなどの事実行為を行います。施設のハード面や雰囲気、職員の対応なども施設ごとに違いますので、施設入所を検討する際には、複数の施設を見学することが必要でしょう。そして、必要に応じて体験入所を行ってみることも有効でしょう。

実際に施設での生活が開始する際、介護保険などを利用しての施設入所の場合、介護認定の有効期限、介護保険施設や有料老人ホームなどでの担当介護支援専門員や相談員などが作成する計画のあり方にも目配りする必要があります。成年後見人等の視点も合わせながら施設での生活を充実したものにしていくことになります。

大事なことは、意思決定支援、施設入所の必要性、その根拠、入所することで予測される生活上のメリット、施設決定までのプロセスを一緒に歩むことを重要視し、何よりも成年被後見人等の意思の尊重と施設入所の目標設定を整理し、目標については実現可能な暮らしについて視野に入れ検討することです。

3. 住所変更届

成年被後見人等の住所を変更（住民票を異動）した場合、まず家庭裁判所へ連絡が必要です。また、登記の変更申請を行い、必要のある関係機関へ届けます。

介護保険・国民健康保険または後期高齢者医療の適用においては、特例として、施設に入所する場合には、住民票を移しても、移す前の市町村が引き続き保険者となる仕組み（住所地特例）を設けています。そのため介護保険等の住所変更は住所地特例の市町村へ届出を行います。障害者福祉制度等では、居住地特例の対象である障害者支援施設等に入所する障害者等については、施設入所前の居住地の市町村が支給決定を行うこととされています。介護保険施設等は居住地特例の対象ではないため、介護保険施設等（特別養護老人ホーム、介護老人保健施設、介護医療院、介護療養型医療施設、有料老人ホーム（サービス付き高齢者向け住宅を含む）、軽費老人ホーム、養護老人ホーム（ただし、地域密着型特定施設を除く））に入所する障害者が障害福祉サービスを利用する場合には、原則どおり、居住地である施設の所在する市町村が支給決定を行うことになっています。現在、介護保険施設等を居住地特例の対象とすることについては、社会保障審議会障害者部会で検討されています。

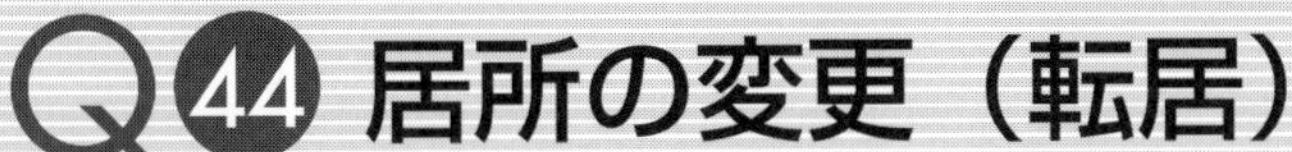

Q44 居所の変更（転居）

成年被後見人等が住居を移す場合（施設入所を除く）、成年後見人等または任意後見人としてしなければならないことは何でしょうか。

Q43でも説明したように成年後見人等には、身上配慮の義務があります（Q 4 参照）。また、本人の居所に関する重要な決定を行う場合や自宅の売却、高額な資産の売却等、法的に重要な決定をする場合は、本人にとって重大な影響を与えるような法律行為の場面として、成年後見人等が直接関与して意思決定支援を行うことが求められます。そして、住居を移す場合には、民法第859条の3の手続（家庭裁判所の許可）が必要となります。その前に住居を移すことが本当に必要であるのか、ということについて考える必要があります。これまで生活していた場からさまざまなリスクを生じる可能性のある転居そのものについて、その必要性とメリット・デメリットを、実施する前に十分に整理することが必要不可欠です。

1. 借家から借家に転居する場合

成年被後見人等の身体状況の変化を中心にエレベーターのない住居からバリアフリー住宅へ転居する必要があるなど、現在の住居が不適当であるという理由など、なぜ転居が必要なのか、その際の手続、費用などを十分に検討し、家庭裁判所にも事前に相談しておきましょう。

2. 自宅を売却し、借家に転居する場合

居住用不動産の処分についてはQ52を参照してください。不動産を処分することによって、売買代金の入金や譲渡所得税の支払いなど大きな金額が動きますし、生活に必要な費用にも変化が生じます。したがって、従前の収支予算とは異なる新たな予算づくりが必要になります。例えば、従前の住まいが大きな古屋で維持費がかさんでいたり、借入金があってその元利の支払いが多額であったりした場合で不動産処分によって借入金残額の返済が可能であれば、月々の必要経費は大幅に低下します。また、借家であれば、今後の家賃の増額も考慮に入れておかなければなりません。このよう

に、財政基盤の変化は成年被後見人等の収支予算にも大きな変化をもたらすことが必至と思われますので、将来にわたる生活の安定をよく見極めることが必要です。

3. 自宅を売却して新たに家を購入する場合(一戸建てからマンションへなど)

売買契約ともに家庭裁判所の許可が必要であること、不動産売買の一般的注意事項についてはＱ39を参照してください。自宅の売却と購入を同時期にする場合、信用ある業者選びを行い、両方の売買について一つの不動産業者に担当させると便利なことが多いので、検討してください。

4. 相続財産をもとに、借家から自宅を購入する場合

税金の問題も含め、新たな後見事務が生じてきます。例えば、障害者の親族が亡くなってその相続財産をもとに自宅を購入する場合など、将来の後見計画を大きく見直す必要が生じます。

相続に関しては、まず遺言書の確認、遺言書がない場合で、すでに遺産分割協議書を作成済みの場合は、その内容の確認と遺産分割協議書自体の有効性の検討、もし、まだ遺産分割協議書作成に至っていないなら、成年被後見人等の本人の利益保護のためにどういう分割を受けるのがよいか、それをどのように主張し、ほかの相続人に納得してもらうのかという検討が必要です（Ｑ48参照)。併せて家庭裁判所へ事前の連絡と報告が必要となります。また、流動資産の額によっては、相続税支払後の使用可能な金額の確認と、自宅購入資金のほかに購入に際して必要な金額や購入後の自宅の維持・管理に必要な額など（不動産仲介手数料、登録免許税を含む登記関係費用、固定資産税・都市計画税、火災保険等保険料、維持費など）の支払に必要かつ十分な額を確保しておくことなど、検討しなければならない事項があります。

5. 施設から在宅になる場合

施設入所から在宅生活に変化することでの本人の生活上のメリットを「ケアの質」や「ケアの量」などの具体的視点から説明できるように整理しておくことも方法の一つといえます。

同時に在宅生活を始めるために、住居の確保という問題が生じてきます。すでに成年被後見人等が所有する住居がある場合は別ですが、これから住居を確保する必要がある場合、購入するのか、賃借するのかという選択、それ以前に具体的な物件選択を行うなどという問題を解決していく必要があります。この時点で、さまざまな立場の人々と交渉していくことになります。

具体的には、例えば、賃貸借契約を行うにあたり、不動産業者、貸主、近隣の方々

がいます。成年被後見人等の状況によっては「入居した場合、火事を起こさないか」「隣の人に夜間迷惑をかけたりしないか」「家族がいないなかで何があってもわからないのでは」などとそれぞれの立場から成年後見人等に不安を訴えてきます。その場合、単純に「大丈夫です」という返事だけでは誰も納得しません。具体的に成年被後見人等の状況に応じた利用予定の介護サービス種別、頻度、夜間の対応体制、緊急時の体制、調理などに伴うリスク管理、加入予定の保険についてなど、相手のもつ不安材料を解消できるように、相手に合わせた内容、方法で説明します。しかしながら、成年被後見人等の生活がより安定し、継続性のあるものになっていくために、交渉する相手も含め、近隣の方々への成年被後見人等に対する理解や偏見解消のためのかかわりを行う必要があります。

そして、成年被後見人等に、生活の場が変わるということについて、またその場がどのような場であるかということについてさまざまな工夫を駆使しながら、意思決定支援を丁寧に行い、成年被後見人等が納得して生活できるように支援することが求められます。

在宅での生活が成年被後見人等の希望であっても、成年被後見人等の状況によっては、一時的あるいは継続的に入所型の施設入所も視野に入れておく必要もあります。地域のなかで成年被後見人等が地域の社会資源を活用しながら、１日でも長く生活していくことは大切なことですが、今後の変化に伴う予測と予防、その結果判断しなければならない事項もあらかじめ考慮し準備しておくことが安心につながります。

6. 住所変更届

成年被後見人等の住所を変更（住民票を異動）した場合、まず家庭裁判所へ連絡が必要です。また、登記の変更申請を行い、必要のある関係機関へ届けます。長期入院等により、実際の居住地と住民票が違う場合については、その旨を家庭裁判所に連絡しておくことが必要です。

なお、変更登記の申請は、東京法務局以外の法務局では受け付けていません。

Q 要望や苦情

成年被後見人等が福祉サービスを利用しています。要望や苦情はどのようにして行えばよいでしょうか。

A

1. 苦情解決の方法

社会福祉サービス提供者は、その提供する福祉サービスについて、利用者からの苦情の適切な解決に努めなければならないとされています（社会福祉法第82条）。苦情解決については、「苦情解決担当者」と「苦情解決責任者」をおき、福祉サービスの利用者の苦情を聞き、話し合いによる解決に努めること、また、問題を公平・中立な立場で解決するための「第三者委員」をおくことになっています。さらに、苦情解決体制の整備にあたっては、制度の実施目的、対象、実施体制および実施方法、第三者委員の選任方法などを明示するために、「苦情処理規程」「苦情対応規程」「苦情解決制度実施要綱」を整備することが必要となっています。しかし、実際に福祉サービス提供者と利用者が話し合っても解決できないときや、直接苦情が言いにくいときには、都道府県社会福祉協議会に設置された運営適正化委員会に苦情を申し出ることができます。運営適正化委員会は社会福祉法第83条に基づき設置された、苦情解決のための公的な第三者機関です。

2. 苦情解決の流れ

① 利用者への周知
② 苦情受付
③ 苦情受付の確認・報告
④ 苦情解決に向けての話し合い、解決策の提示
⑤ 苦情解決の記録・報告
⑥ 解決結果の公表報告

3. 介護保険等の苦情対応

介護保険サービスでは、複数の苦情対応の仕組みが設けられています（介護保険法

第176条)。この苦情解決の仕組みは、事業者、居宅介護支援事業者や介護支援専門員、介護保険の保険者としての市町村、国民健康保険団体連合会に申し出ることができます。苦情の申し出は、福祉サービスの利用者およびその家族、代理人などができます。まずは事業者に苦情を申し出て話し合いを行いながら、対応によっては苦情受付窓口のある専門機関に相談するとよいでしょう。また、介護保険の苦情解決の仕組みとは別に、「介護サービス相談員等派遣事業（介護保険制度の地域支援事業の任意事業)」があります。地域や施設に出向いて日常の本人状況と、生活環境に配慮して、事業者をチェックし必要に応じて改善につなげていく仕組みです。「苦情」としてだけではなく、利用者の声なき声や要望をくみ上げて支援するものです。

4. 成年後見人等の責務

このように体制が整備はされていても、実際に、成年後見人等が直接施設を訪問し、契約内容の確認や、履行の監視、ケア会議への参加という身上保護を行っていなければ、適切な苦情の申立てを行うことはできません。そして、普段から、成年被後見人等の立場に立って、本人の要望や希望、生活者の視点から疑問に思うことを伝えていくこと、質問をしていくことが大切です。提案は質問に変えて、苦情は要望に変えて伝えていく工夫も必要です。

実際、介護の現場では職員の手が足りず、長時間待たされ放置されてしまうことがあり得ます。気づいたことは気づいたときに説明を求めていくことが必要です。身体拘束についても、事故防止のためとして、これまで医療の現場などで行われてきた実態がありますが、身体拘束は緊急やむを得ない場合のみ対応が認められるものです。緊急やむを得ない場合とは、①切迫性（利用者本人または、ほかの利用者などの生命または身体が危険にさらされる可能性が著しく高いこと)、②非代替性（身体拘束その他の行動制限を行う以外に代替する介護方法がないこと)、③一時性（身体拘束その他の行動制限が一時的なものであること）という三つの要件をすべて満たす場合です。成年後見人等として成年被後見人等の身体拘束の同意を求められた場合には、成年後見人等には、身体拘束にかかる同意権はありませんが、上記の要件を満たしているのかを見極めることが重要です。

そして、説明を求めても納得できる回答が返ってこない、説明がないという場合には、改善を求めたり、苦情申立てを行ったり、場合によっては契約を解除するなどの対応が必要です。

Q46 介護事故・介護過誤への対応

成年被後見人等が介護サービスを利用しています。もし介護事故が起こった場合どうしたらよいでしょうか。ここでいう介護事故は、介護者に法的責任が発生するかどうかを問わない、広い意味での事故をいいます。

成年後見人等は自ら介護にあたるものではありません。しかし、成年被後見人等が福祉サービスなどの利用の過程で事故に遭わないよう注意を払う義務があります。さらに、ここでは介護過誤について予防的な視点と、それが起きてしまった場合の処置の両面で考えてみます。

1. 介護事故の予防

介護事故という場合、入所施設や通所施設等の成年被後見人等の自宅以外の場所での事故を思い浮かべますが、ヘルパーが成年被後見人等の自宅を訪問して行う訪問介護でも介護事故は発生します。まさに介護の現場で発生している介護に関連する事故を総称するものです。事故のタイプとしては、転倒・転落や誤嚥・誤薬が多いのですが、利用者同士のトラブル、無断外出、火傷、感染などもあります。事故の原因も多様で、自身の動静、介護者の行為（作為、不作為）、物的設備、環境等が事故の発生に関係します。介護事故が発生した場合、利用者のQOLは確実に悪化しますし、介護事故は、避けられるものであれば避けたいところです。そこで、施設等に入所している場合には、運営懇談会等へ出席して、施設の運営状況や事故対応についても理解しておくこと、意見交換の機会をもつことが必要です。

もし、介護事故が発生した場合には、成年後見人等は、事故報告書をもらい事故原因を確認するとともに、介護事故の発生を回避するために、事故予防に向けた対応の確認をすることが求められます。事故報告書については、必要な場合は、情報開示請求手続きを行うことも可能です。

2. 介護過誤の予防

介護過誤事件（損害賠償請求事件）は「あってはならない介護」であり、介護判例で取り扱われる介護事故は、紛争が訴訟までに発展し、法廷で介護者等の法的責任が厳格に問われる場面でのものをいいます。

介護過誤の予防には、まず、関係者との情報交換・情報共有が必要です。成年後見人等は、成年被後見人等の状況をサービス提供事業者側に的確に伝えなくてはなりません。成年被後見人等の情報を十分に伝えないで事故が起こった場合には、事業者側の責任が否定され過失相殺されることもあります。

また、事業者のサービス提供方法や施設環境などに問題点がないかチェックする目をもちましょう。そして、成年被後見人等にとって不都合な部分があれば事業者側に改良・改善の提言をします。

成年後見人等としては、サービス計画にも目を通し、サービスの提供方法が適切か確認します。苦情対応窓口の確認なども必要です。

3. 介護過誤に遭遇した場合

通常は必要な医療などの処置は事業者が行い、成年後見人等としては連絡を受けた後に事実の確認を行うことになります。この場合、どのような状況で介護過誤が起こったか、聞き取りを行い正確に記録します。後に関係者の証言が変わったりしては責任の所在も曖昧になってしまいます。介護過誤が成年被後見人等に起因するものか、不可抗力なのか、事業者の故意や過失なのかなどで責任のあり方が異なってきます。介護サービス利用契約書の条文とともに事業者が加入している保険についての確認も必要です。成年後見人等として事実の確認ができない場合は、事業所や保険者である行政機関に対して「介護保険サービス事故報告書」の情報開示請求を行います。苦情解決制度の活用も考えられます。第三者を交えた事業者側との話し合いや運営適正化委員会の活用、介護保険サービスならば国民健康保険団体連合会などの活用も考えられます。成年後見人等は、普段からそれらの機関の情報を把握しておく必要があります。

また、成年被後見人等の状況について大きな変化があった場合は、家庭裁判所や成年後見監督人等への報告が必要となります。

訴訟については後見類型の場合は代理人として成年後見人が裁判を行うことも考えられますが、弁護士を訴訟代理人として選任することを検討すべきです。法定後見人は訴訟代理権をもちます（民事訴訟法第31条、第32条）が、証拠資料の保全のためにも早期に弁護士に相談することが適切です。

いずれにしても介護過誤は成年被後見人等の生活の質を著しく低下させます。介護過誤を起こさぬよう成年後見人等としてはできる限り細心の注意を払う必要があります。

3 後見事務

Q47 後見事務費

後見事務費とはどういうものでしょうか。また、成年後見人等の報酬について税金の申告が必要でしょうか。

1. 後見事務費とは

成年後見人等が、後見事務等を行うために要した直接の費用（交通費、通信費、手続き等のための諸費用、手数料など）は、その実費が経費として認められます。例えば、成年被後見人等との面会等に出向いた際の交通費や家庭裁判所に対して報告を行った際の通信費等などがあげられます。成年後見人等は、諸費用を本人の財産から支出することができます。

成年後見人等の諸費用は支出として記録し、他の報告書とともに家庭裁判所へ提出します。

任意後見人の活動費用も法定後見人の場合と同様に、実費を精算できます。

成年後見監督人の事務の費用も成年後見人等と同じく、本人の財産から支出することができます。また、成年後見監督人等が費用を立て替えた場合、本人に求償することができます。

※状況によって成年被後見人等と成年後見人等が一緒に食事をすることがあった場合には、成年後見人等の食事代等は、成年後見人等が負担します。本人から支出する諸費用にはなりません。

2. 税金の申告

成年後見人等の報酬について、受け取った報酬は、原則として確定申告をして、納税することになります。確定申告は、受け取った報酬からコストを引いて、利益が出ていれば、原則として税務署へ確定申告をすることになります。弁護士・司法書士・社会福祉士などの第三者が成年後見人を引き受けた場合には、必ず報酬の支払いが発生します。家族や親族が成年後見人となった場合でも報酬付与の申立てを行うことができます。

成年後見人等の報酬は、日税連成年後見支援センターのホームページのQ＆Aによると、「報酬の区分については、弁護士・司法書士などは事業所得、親族は雑所得」となります。これら報酬は、消費税の課税対象でもあります。

確定申告は、給与を１か所から受けていて、かつ、その給与の全部が源泉徴収の対象となる場合において、各種の所得金額（給与所得、退職所得を除く）の合計額が20万円を超える場合や、給与を２か所以上から受けていて、かつ、その給与の全部が源泉徴収の対象となる場合において、年末調整をされなかった給与の収入金額と、各種の所得金額（給与所得、退職所得を除く）との合計額が20万円を超える場合に必要となります。

＜参考＞

・日税連成年後見支援センター「成年後見Ｑ＆Ａ」日本税理士会連合会
https://www.nichizeiren-seinenkouken.org/faq/index.html#qa_5

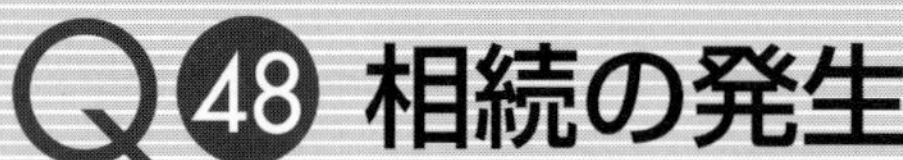

Q48 相続の発生

成年被後見人の親族が亡くなり、相続が発生しました。成年後見人としてはどうすればよいでしょうか。

成年被後見人等が法定相続人となる相続が発生したとき、まず、成年後見人等として確認することは①遺言の有無、②ほかの法定相続人の有無です。

なお、死亡の届出をすべき者が成年被後見人のときは、成年後見人が届出義務者となります（戸籍法第31条）。

1．遺言がある場合

遺言には普通方式（自筆証書遺言、公正証書遺言、秘密証書遺言）と特別方式（危急時遺言、隔絶地遺言）があります。遺言書の保管者または発見者は、相続の開始後、速やかに遺言書を家庭裁判所に提出し、その検認を受けなければならない（民法第1004条）とされており、公証役場に原本が保存されている公正証書遺言以外のすべての遺言書がその対象になります。遺言書が封印されている場合は家庭裁判所で、相続人全員またはその代理人の立会いのもとで、開封しなければなりません。

遺言で指定された遺言執行者が遺言書を保管している場合は、家庭裁判所に対して遺言書の検認を求め、財産目録を作成して相続人に交付するなどの義務とともに、遺産を管理し、預貯金などの払戻しを受け、遺贈された財産を引き渡し、移転登記するなどの権限が認められています（民法第1012条）。遺言のなかで、認知に関しては戸籍法第64条、廃除に関しては民法第893条によって遺言執行者が不可欠とされていますが、遺贈（土地の管理、引渡し、登記手続など）に関しては遺言執行者ではなく相続人でも行うことができるため、遺言執行者が不可欠とはされていません。

遺言が存在する場合も、相続人に残さなければならない相続財産の割合として遺留分がありますので留意が必要です。遺留分が認められているのは兄弟姉妹以外の法定相続人で、その割合も状況によって変わりますので、弁護士や司法書士、税理士その他専門家との連携が求められます。遺留分のある法定相続人には遺留分侵害額請求権が生じます。成年被後見人等に遺留分がある場合は、成年後見人等としては遺留分侵害額請求権を行使する必要があります。

2. 遺言がない場合

遺言がなく、ほかの法定相続人がいる場合は法定相続の開始となります。成年後見人等として、ほかの法定相続人の存在の有無を調査する必要があります。実際に相続が開始され、相続人の調査を行うと、これまでわからなかった法定相続人が発見される場合が少なくありません。代襲相続などで戸籍調査が複雑な場合は、弁護士や司法書士などの専門家に調査を依頼し、相続について委任する場合もあります。専門職に委任する場合には費用が発生しますので、事前に家庭裁判所へ報告をするとよいでしょう。

基本的に、法定相続人の間で遺産分割をどのようにするか協議をすることは自由で、法定相続分にこだわらず、協議によって自由に増減してもかまわないのですが、成年被後見人等が相続人となる遺産分割においては、原則として、成年被後見人等の法定相続分を確保する必要があります。その一方で、債務超過が明らかなどの理由以外でも本人の意思に基づき相続放棄が認められる場合もありますので、本人にとっての最善の利益が得られるよう検討しましょう。

3. 亡くなった親族が配偶者の場合

亡くなった親族が成年被後見人の配偶者であった場合、居住権を保護される方策もたてられています（民法第1028～1041条）。遺産分割についても配偶者居住権保護の規定があります（民法第903条第４項、第906条の２、第909条の２）ので事前に確認をしておきましょう。

4. 家庭裁判所への報告

成年被後見人等が法定相続人となり相続を受けるということは、本人にとって大きな財産状況の変化となります。その結果を受けて、後見事務の方針が大きく変更する、ということもあり得ます。相続の手続きにおいては、複数の法定相続人がいる場合、遺産分割協議を行うことになりますが、遺産分割協議を決定する前に家庭裁判所へ相続財産の全体と、成年被後見人等の取得財産について、報告をすることが望ましいでしょう。また、手続きが終了し、実際に遺産を受領したときは遺言書や遺産分割協議書の写しなど必要な書類を添付して報告をする必要があります。相続手続きを行ったことは、成年後見人等の報酬を求める根拠となりますので、報酬付与の審判を受ける場合は、受領した遺産とともに全体の財産目録を作成し、報酬付与の申立てを行うことができます。

成年被後見人等が相続や包括遺贈などで財産を取得した場合は、成年後見人等はその部分について財産目録を作成し家庭裁判所に提出しなければならず、それを終えるまではその部分については急迫の処分しか行えないとされています（民法第856条による第853～855条の準用）。

Q49 報告義務

家庭裁判所や成年後見監督人等への報告についての留意点を教えてください。

A

成年後見人等は、成年被後見人等の意思を尊重し、その身上に配慮して身上保護や財産管理などの後見事務を遂行しなければなりません。その職務は、法定後見においては補助、保佐、後見の類型によっても権限の範囲は異なりますし、任意後見制度では契約内容によって異なります。これら成年後見人等の職務が適正に行われていることを明らかにするのが報告の目的となります。

1. 家庭裁判所への報告

報告は就任時には初回報告として、提出期限までに成年被後見人等にはどのような財産があり、誰がどのように管理しているか、現在どのような生活を送っているかを明らかにし財産目録・年間収支予定表・それらに係る資料を提出することが必要になります。その後、家庭裁判所の判断で、一定の時期をおいて後見事務報告書等の提出（定期報告）を求めてきます。初回報告提出の時期と同時に定期報告月を知らせてくる場合もありますので、定期報告時期は厳守してください。保佐人・補助人は、財産に関する代理権が付与されている場合には、後見人と同様に財産目録の作成が必要です。法定後見では、民法第863条で「後見監督人又は家庭裁判所は、いつでも、後見人に対し後見の事務の報告若しくは財産の目録の提出を求め、又は後見の事務若しくは被後見人の財産の状況を調査することができる」としており、また、家事事件手続規則第81条で「家庭裁判所は、いつでも、成年後見人に対し、成年被後見人の療養看護及び財産の管理その他の成年後見の事務に関し相当と認める事項を指示することができる」としています。また、任意後見法では、任意後見監督人が任意後見人の事務を監督し、その事務について家庭裁判所に定期的に報告することになっていますし、家庭裁判所は必要があると認めるときに任意後見監督人に対して、任意後見人の事務に関する報告を求めることができることになっています（任意後見法第７条第１項第１号・第２号・第３項）。家庭裁判所の後見監督といわれるものです。これらからわかるように、家庭裁判所は、基本的に家庭裁判所が必要と判断した時期にはいつでも報告を求めることができます。ですから、成年後見人等は職務を通して、その職務が適正に行われていることを証明する書類や記録などは適切に残しておかねばなりません。

では、報告にあたりどのような準備が必要であるか、家庭裁判所からの指示によって異なりますが、以下のものをあげておきます。

⑴　後見事務報告書

①　身上保護に関する事項：本人の居所、本人の心身状況の変化、療養看護の問題点

②　財産管理に関する事項：本人の財産の変動と財産管理の方針

③　その他の事務：家庭裁判所への連絡事項

⑵　財産目録

①　財産の動きや収支がわかる年間収支状況報告書、金銭出納帳

②　直近の残高が記載された預貯金通帳のコピー

③　株式売買報告書、保険証書など、登記簿謄本のコピー

④　領収書などの出金に関する証拠書類のコピー

さらに、成年後見人等は、本人死亡時の裁判所への報告を、成年被後見人等が亡くなった日から２週間以内に行います。また、成年後見人等が相続人でない場合は２か月以内に管理の計算を行います。その後６か月以内に本人の財産を相続人に引き継ぎ、相続人から受領した引継書を裁判所に提出します。引継書をもって後見業務が終了します（Ｑ56参照）。

2. 成年後見監督人への報告

成年後見人等は成年後見監督人等の求めに応じて求められた事項について、的確な報告をする義務があります。

法定後見制度においては、選任の請求に基づいて、または家庭裁判所の職権で成年後見監督人等を選任することができます（後見の場合：民法第849条、保佐の場合：民法第876条の３第１項、補助の場合：民法第876条の８第１項）。また、任意後見制度においては、任意後見監督人が選任（任意後見法第４条第１項）されたときから契約の効力が生じることになっています（任意後見法第２条第１号）。これらの制度の運用にあたり、成年後見人等によって適正に後見事務が行われていることを監督するのが成年後見監督人等の職務の一つです（後見の場合：民法第851条。保佐の場合：民法第876条の３第２項、補助の場合：民法第876条の８第２項で準用）。そして、成年後見監督人等の権限としては、いつでも成年後見人等に対して後見の事務の報告または財産目録の提出を求め、後見の事務または成年被後見人等の財産の状況を調査す

ることができますし（後見の場合：民法第863条第１項。保佐の場合：民法第876条の５第２項、補助の場合：民法第876条の10第１項で準用）、成年後見人等が不適任であると認めるときは、その解任を家庭裁判所に請求することができます（後見の場合：民法第846条。保佐の場合：民法第876条の２第２項、補助の場合：民法第876条の７第２項で準用）。任意後見監督人は、任意後見人の事務を監督し、その事務について家庭裁判所に定期的に報告をすること（任意後見法第７条第１項第２号）を主たる職務として、その監督を実効的なものにするため、いつでも、任意後見人に対してその事務の報告を求め、任意後見人の事務または本人の財産の状況を調査することができます（任意後見法第７条第２項）。

成年後見人等は、職務を開始する際に、報告の時期や方法について事前に成年後見監督人等と打ち合わせておくことが必要となります。前述したように、成年後見監督人等は成年後見人等の後見事務の監督をすることが職務でありますが、それは一方で成年後見人等の相談窓口としての機能も有しています。双方の話し合いのなかから、後見に対する内容のほか報告に関する取り決めがなされてきます。その際には、成年被後見人等の心身の状態ならびに生活および財産の状況を勘案して話し合うことはいうまでもありません。そして、もう一つ大切なのは本人に突発的に起きた重大事項についての報告です。例えば、財産に大きな動きがあった場合や心身の状態に大きな変化があり入院した場合などが考えられます。重大事項が起きた場合は定期報告を待つのではなく、そのつど報告しておくことが必要です。本人死亡時の管理の計算や引継ぎについては、成年後見監督人等の指示に従って行ってください。

次に、報告の方法ですが口頭で報告する場合もありますが、証拠書類などとともに書面で報告することが基本となります。その際には、日頃からこまめに記録化がなされていると正確であり、かつ安心です。また、報告する内容は、前回報告した日以後の成年被後見人等の状況について行うことになります。

3. 報告書を提出しない場合

成年後見人等が、正当な理由なく指定された期日までに報告書を提出しない場合や、不完全な報告書を提出した場合には、司法書士や弁護士等の専門職を成年後見人等に追加選任されることや成年後見監督人等が選任されることになります。また、家庭裁判所によっては、その前段として専門職を調査人に選任し、後見事務や財産状況の調査を命じることがあります。

もし、期限内に報告書を提出できない事情があるときには、必ず家庭裁判所に連絡します。提出期限は厳重に管理しなければなりません。

50 身上保護に関する報告

家庭裁判所に身上保護に関する事項について報告する場合、報告書の作成にあたって注意すべき点を教えてください。

A

1. 報告書作成の留意点

定期報告であれば、家庭裁判所の最新の様式「後見等事務報告書」を用いて報告をします。また、定期報告以外でも、重要な事項については、本人の財産や心身に与える影響を考慮して上申書・連絡票を用いて資料を添え連絡をしておく必要があります。この上申書・連絡票では、成年後見人等が判断に迷うときなどに、あらかじめ成年後見人等の方針や判断を示したうえ、家庭裁判所の見解を求めるための連絡を行うことも必要となります（Q51参照）。

従来、社会福祉関係者が用いるケース記録のように時系列に事実を並べて記入するという方法は、家庭裁判所に提出する書類としては、一般的な報告書とはいえません。要旨をまとめることが必要です。報告書作成に際して、以下のように項目ごとの論点に基づいて記述する方式が、何のために書かれた報告書であるのか明確であるため、読まれやすいといえます。

① 何に関する報告書なのか。

② 報告する事務に関する成年後見人等としての判断の理由は何か。

③ 判断する際の本人の意向や関係者の具体的意見はそれぞれどのようなものか。

④ 以上の身上保護に関する支出は実際どのようなものか。

身上保護と財産管理は一体的に行う必要があります。「身上保護」事務には「財産管理」事務が伴います。「財産管理」事務は「身上保護」を主目的として行う必要があるからです。現代社会では福祉サービスを含めて、商品やサービスの取得には対価が必要です。具体的に財産管理と身上保護を一体的に行うとは、現在の生活の状況と収支のバランスを考えていく、今後の予想として生計と療養看護を考え生涯設計をする、そして本人の生活の質の改善や、本人の希望の実現のために、財産を積極的に活用していくということです。そのために何よりも大切なことは、本人の意思を尊重し、本人・家族を交えた支援チームで意思決定支援を踏まえた話し合いを行い情報の共有

をしておくということです。

2. 身上保護の報告内容

身上保護の報告内容としては、以下のようなものが考えられます。

① 本人の心身の状況

以前と比べて変化はないか、現在の心身の状況はどうか、そして今後はどのように予測されるかについて

② 本人の生活の状況

・在宅から施設などへの移動、入退院、施設変更など成年被後見人等の生活環境の変化について。ここで重要な点は、居所指定（権の行使）の問題です。これは、本人が入院を拒絶している場合に、成年後見人等が入院を「強制」できるかどうかということになります。成年後見人等には、「医的侵襲行為に対する同意・決定権限」と同様、「本人に対する居所指定権」は認められていません。したがって、成年後見人等が同意能力のある本人の意思に反して入院を強制することはできません。なお、精神保健福祉法第33条の医療保護入院のケースは、この例外となります。詳しくはQ60を参照、施設変更についてはQ43を参照してください。

・現在はどのような生活状況であるか、どのような療養看護状況であるか、成年被後見人等のための支援ができているかについて

・本人の生活の場の決定について。生活の場所の決定は本人にとって重要な影響を与える場面です。本人による自己決定が困難と思われる場合には、本人の意思を尊重して決定できるように成年後見人等は支援チームで意思決定支援を行い、その結果やプロセスについて「後見事務のガイドライン」の様式類や日本社会福祉士会の「意思決定支援のためのツール」等を活用して資料として提出することも必要です。

③ 本人の生活費や療養費

成年被後見人等の生活費や療養費がどのくらいかかるか、支出についてどのように財産から支出しているか、赤字か黒字かについて

④ 今後の支出の見通し

年金や預貯金で賄えるか、不動産などの処理は必要かどうかについて

4 家庭裁判所への報告等

Q51 報告を必要とする事項

家庭裁判所に連絡が必要な事項とは、どのようなことでしょうか、教えてください。

成年後見人等には、成年被後見人等の意思を十分に尊重し、本人の心身の状態や生活の状況にも十分配慮したうえで、本人の財産を管理し、本人の身上の保護を図る義務があります。したがって、本人の利益のためにどのようなことをすべきか、基本的には成年後見人等の責任において自ら判断することになります。ただし、裁判所は、成年後見人等がしようとしていることが本人の利益に反すると判断した場合には、成年後見人等に何らかの指示をすることがあります。その指示に応じない場合には、解任することもあります。

家庭裁判所への報告は上申書・連絡票を使って行います。連絡が必要な場合は、以下のとおりです。

【家庭裁判所に連絡が必要な場合】

(1) 成年被後見人等または成年後見人等が転居した場合

住所異動があるときには住民票のコピー、施設入所の場合には入所契約書のコピー

(2) 成年被後見人等または成年後見人等が死亡したとき

死亡診断書または除籍謄本のコピー

※なお、成年後見人等が死亡した場合は、成年後見人等の親族の方からの連絡

(3) 初回報告（財産目録・年間収支予定表・添付資料等）または定期報告（後見事務報告書・財産目録・添付資料等）の提出が遅れるとき

※遅れることの理由や事情、提出が可能となる見込みの時期を記載

(4) 大きな財産（不動産など）を処分するとき

見積書のコピー、契約書案のコピー、不動産評価証明書等

※なお、成年被後見人等の居住用不動産を売却するとき、賃貸するとき、抵当権を設定するときには、居住用不動産の処分許可の申立てが必要

(5) 遺産分割や相続放棄をするとき

遺産分割協議書案、遺産目録、不動産の全部事項証明書、預貯金通帳のコピー等

※遺産分割の場合は成年被後見人等の法定相続分が確保されているか、相続放棄をする場合はその理由。なお、成年後見人等と成年被後見人等がともに相続人となる場合には、特別代理人（臨時保佐人、臨時補助人）の選任が必要

(6) 不動産売却代金、遺産、保険金などの多額の財産を受領したとき

入金先の預貯金通帳のコピー

(7) 高額商品を購入するとき（１件50万円以上の商品やサービス）

どのような必要性から、どのような商品等をいくらで購入するのかを記載（商品等のパンフレットや見積書の添付）

(8) 債務の返済

※誰に対するどのような債務につき、いくら返済するのかを記載（債務の裏づけ資料添付）。債務について証書等が残っていない場合は、成年被後見人等が本当に債務を負っているかどうか十分に確認する必要があります。成年後見人等としてその債務の存在を判断しかねる場合には、事前に家庭裁判所または成年後見監督人等に相談が必要

(9) 立替金の清算

※誰がどのようなものを立て替えているか、その清算としていくら支払うのかを記載（立替金の裏づけ資料添付）。成年後見人等としてその立替金債務の存在を判断しかねる場合には、その旨も記載し、支払う前に家庭裁判所または成年後見監督人等に相談が必要

52 居住用不動産の処分

成年被後見人が自宅を処分して有料老人ホームに入居したいと言い、親族もこの計画に賛成しています。成年後見人としてはどうすればよいでしょうか。

A

1. 留意点

成年被後見人等と親族の方針決定が、真に成年被後見人等にとって有益あるいは必要なことかを、成年後見人等の立場から改めて検討し直す必要があります。また、成年被後見人等がすでに表明している意思についても意思決定支援の視点で再度確認すべきです。

後述のとおり、居住の用に供する建物またはその敷地（自宅）の処分は家庭裁判所の許可事項になっていますが、これは自宅を処分して生活の本拠を変更することが、成年被後見人等に重大な影響を及ぼす可能性があることを配慮した結果であることを改めて考える必要があります。

まず、入居先の選択が適正になされたか否かが第一の検討事項です。

⑴ 本質の問題

そこに入居するメリットは何か、それは本当に成年被後見人等の福祉の増進につながるものなのか否か、他施設に比べて何がよいのか。

⑵ 価格の問題

自宅を処分した場合に成年被後見人等が手にすることができる金額の予測（売買価格の予想と売買に必要な、例えば不動産業者への仲介手数料、印紙代、抵当権などの抹消登記費用、譲渡所得税の額の確認）、有料老人ホームの入居に必要な額（入居金または有料老人ホーム購入のための価格や登記費用、必要な場合は業者手数料の額、入居金の償却条件、継続的に支払わなければならない月々の費用、介護を要する場合にはそのためのプラス費用の額など）をそれぞれ厳密に確認して、経済的に成り立つものか否か。

⑶ 生活上の問題

介護の質、施設の理念や姿勢、必要なときに適切な医療が望めるか否か、生活をするうえでどの程度の自由度が保証されているか、家族が訪問しやすい地理的

環境、施設側の環境、身元引受人は誰がなるのか、特に成年被後見人等の将来の生活費など必要資金に不安はないか。

以上(1)〜(3)の問題などについて、事実関係の確認と的確な判断が求められます。

第二に、その方針決定に、親族などほかの者の利害やほかの目的が影響していないか、親族の賛成の動機に本人にとって不利益な点がないかも重要な判断事項です。

以上についての正確な情報をもとに、成年後見人等の見識に照らして、その処分と有料老人ホームへの入居が真に成年被後見人等のために有益か、必要かを判断します。

2. 自宅処分のための法的手続

成年被後見人等の自宅を処分（賃貸や抵当権の設定などを含む）するためには、事前に家庭裁判所の許可が必要です（後見の場合：民法第859条の3。保佐の場合：民法第876条の5第2項、補助の場合：第876条の10第1項で準用）。

これは、成年被後見人等の「自宅」（居住の用に供する建物およびその敷地）が、成年被後見人等にとって単に財産的価値を有するというだけではなく、日々生活をしてきた場であり、精神的支えの要としての役割を果たしていたことに着目した結果です。住環境の変化が成年被後見人等の心身に与える影響の大きさ（リロケーションダメージ）から、成年被後見人等の自宅の処分に限り、成年後見人等の代理権に制限が加えられました。したがって、成年被後見人等の自宅について、この許可を得ずにした処分行為は無効と解釈されます。

許可申立書には、売却などの必要性について必要かつ十分に書き込むことが求められます。

なお、本人および成年後見人等の戸籍謄本、登記事項証明書、本人の住民票、許可申立ての対象となる登記簿謄本などの添付書類のほか、法律上の要件ではないのですが、家庭裁判所は具体的な売買契約書などの案（許可があればそのまま契約できる状態のもの）の提出を求める場合があります。その契約条件における売買などについて許可をするという建前で契約書案の提出を求めてくるのです（家庭裁判所によっては異なる取扱いをする場合も考えられますので、事前に家庭裁判所の窓口で確認してください）。

申し立てたすべての案件について必ず許可が下りるわけではありませんので、トラブルを避けるためにも、道義上も、買主などとの交渉にあたっては、家庭裁判所の許可があって初めて可能な売買などであることを十分に理解してもらっておくことが必要です。

実際に売買をするときには、Q39を参照してください。

3. 賃貸借契約の解除

成年被後見人等の自宅が賃貸借契約物件であった際も、契約解除の際は事前に家庭裁判所に居住用不動産処分の申立てをし、その許可が必要です。

Q53 報酬付与の審判の申立て

成年後見人等の報酬はどのように支払われるのでしょうか。

1. 報酬の根拠

報酬のあり方については、議論が進められているところですが、家庭裁判所は、成年後見人等および成年被後見人等の資力その他の事情によって、成年被後見人等の財産のなかから、相当な報酬を成年後見人等に与えることができます（後見の場合：民法第862条。保佐の場合：民法第876条の５第２項、補助の場合：民法第876条の10第１項で準用、家事事件手続法第39条）。

具体的な手続きとしては、家庭裁判所に対し報酬付与の審判の申立てをすることになります。この審判なしに成年後見人等が成年被後見人等の財産から報酬を得ることはできません。成年後見人等はこの審判書に基づいて、認められた額だけを成年被後見人等の財産から受け取ることができます。

2. 報酬付与を受ける手続き

報酬の付与の可否および金額を決定する要素としては、成年後見人等および成年被後見人等の資力（財産の額や内容）のほか、「その他の事情」として、成年後見人等の遂行した職務の期間、後見等の事務の内容等が考慮されます。そのため、報酬付与の審判の申立てに際しては、家庭裁判所に後見事務報告書、財産目録、（家庭裁判所によっては収支状況報告書）を提出するとともに、報酬付与の申立てを行います。報酬付与申立書とともに報酬付与事情説明書を提出することになっています。

成年後見人等が後見業務を行うにあたって、成年被後見人等の財産管理・身上保護等で通常の後見事務以上に特別な支援を行う事情があった場合には、相当額の報酬が付与されることがあります。これを付加報酬といいます。付加報酬を受けるためには、成年後見人等からの積極的な証明が必要です。具体的には、報酬付与申立事情説明書にどのような事柄があり、どのように対処したかを詳細に記載します。

報酬付与審判の申立ては、成年後見人等自らが報酬をもらう手続きであり、このために要する収入印紙・切手代などは成年後見人等が負担すべき費用であることに注意が必要です。また、報酬付与の審判があることで、成年後見人等は、管理している成年被後見人等の財産から報酬金額を支出することになります。

3. 報酬決定審判に対する不服申立て

家庭裁判所が報酬付与の申立てを却下したり、審判を受けた成年後見人等が報酬額に不服がある場合であっても、現行法上、即時抗告の対象ではないため不服の申立てをすることはできないものと解されます。

Q54 家庭裁判所への相談

家庭裁判所には、どのようなことが相談できるのか、教えてください。

成年被後見人等の財産に大きな動きが生じるような場合や、心身の状態に大きな変化があり入院した場合などは相談が必要です。重大事項が起きた場合には定期報告を待つのではなく、そのつど相談をしていくことが必要です。その意味から、家庭裁判所は成年後見人等の相談者の役割も担っているといえるでしょう。

また、成年後見人等が判断に迷うときなどに、あらかじめ成年後見人等の方針や判断を示したうえ、家庭裁判所の見解を求めるため、上申書・連絡票を提出します。例えば、東京家庭裁判所では連絡票に対する回答は、成年後見人等に尋ねたいことや指摘したいことがある場合には、連絡票を受理してから2週間以内に電話で連絡があります。2週間以内に連絡がない場合には成年後見人等が示した方針で進めることで差し支えありませんが、担当書記官に電話などで確認をすることをお勧めします。その期間を待つことができない急ぎの事情があるときには、その旨を連絡票に記載します。連絡票には、以下の点について留意し記載するとよいでしょう。

【上申書・連絡票の内容】

前提として、家庭裁判所は、成年後見人等の判断の是非を回答するのではなく、成年後見人等の裁量の範囲かどうかについて回答をするとされています。

(1) 何に関する上申書・連絡票なのか

複数の事項を確認する必要がある場合、脈絡なく羅列するだけでは要点が伝わりません。何について相談をしたいのか、何について確認を求めているのか、項目にタイトルをつけて端的にまとめる工夫が必要です。

(2) 上申・連絡する事務に関する成年後見人等としての対応方針

事実を述べて、その判断を家庭裁判所に求めるという方法では、明確な回答が得られない場合が多くあります。成年後見人等としての対応方針を可能な範囲で提示し、その対応で問題がないか、どこに留意すべきかといった回答を求めるようにします。

(3) その際の判断の根拠となる具体的な資料

家庭裁判所が回答する際には、成年後見人等が何を根拠に対応方針を決定したのかの事実確認を行います。そのため、なぜそのような対応方針を決定したのか、家庭裁判所が理解できるような根拠を示す必要があります。具体的には、居所となる施設の選択に際して上申をする場合、利用料金の一覧表と施設を利用継続した場合の成年被後見人等の財産の動きなどの資料を添付します。

4　家庭裁判所への報告等

Q55 類型変更と新たな同意権・代理権の追加

成年被後見人等が、現在の類型の能力と実際の能力とに齟齬をきたしています。どうしたらよいでしょうか。

類型の変更には、審判開始前に家庭裁判所が調査の段階で考慮して類型を変更するよう申立人に促すこと（補助の申立てを保佐の申立てに変更するなど）も考えられますが、ここでは補助・保佐・後見の審判の開始後の変更について述べていきます。

例えば、補助あるいは保佐開始の審判を受けた後、何らかの理由により被補助人の認知症や精神上の障害がさらに進行したり重度化し、事理を弁識する能力が「著しく不十分」（保佐）になったり、「欠く常況」（後見）になることも考えられます。また、後見開始の審判を受けた後に成年被後見人等の精神上の障害が回復することも想定できます。このような場合、本人の意思能力の変化に応じて類型を変更し、その状態にあった法的支援を受けることが望ましいといえます。

この変更を行うには、本人の状態にあった類型となるように申立てを行うことが必要です。特に類型が軽くなる場合は本人情報シートを有効に活用しましょう。

また、保佐の場合、民法第13条第１項所定の行為以外の同意権や付与されていない代理権の行使が必要になることが考えられます。補助の場合も、付与された特定の法律行為以外の同意権や代理権を行使する必要が生じることも考えられます。このような場合は、新たに同意権・代理権を追加する申立てを行うことが必要です。

1. 補助から後見に変更する場合

認知症があり補助類型となり、補助人が選任されている高齢者が、さらに認知症が進行した場合、申立権者（Q15参照）が後見の申立てを行います。申立てにあたっては成年後見人等選任審判時と同様、診断書が必要です。後見開始の審判がなされれば、それまでの補助開始の審判は家庭裁判所の職権で取り消されます。

2. 後見から保佐に変更する場合

精神障害があり、後見が開始された人が、定期的な通院と服薬、デイケアなどの定着により、以前に比べて判断能力に回復がみられたとします。本人の意思能力をできるだけ尊重するという観点から、保佐（あるいは補助）開始の審判の申立てを検討すべきです。申立てにあたっては成年後見人等選任審判時と同様、診断書が必要であり、かつ本人情報シートを有効活用しましょう。

いずれにせよ、家庭裁判所の審判を経て変更するか否かの決定がされますので、申立てに際しては、変更する理由とその内容について説明できるだけの明確な根拠が必要不可欠です。

3. 代理権・同意権を追加する場合

知的障害があり、補助が開始された人が、補助人選任後に親族が亡くなり、相続が発生したとします。補助開始時には相続に関する同意権・代理権が付与されておらず、本人が単独で相続に関する法律行為を行うことができない場合、相続に関する代理権の行使が必要になります。この代理権を行使するために、代理権の追加の申立てをしなければなりません。権限の追加の申立てがなされると、家庭裁判所は本人の同意を確認したうえで新たな代理権付与の審判を行います。

4 家庭裁判所への報告等

Q56 成年被後見人等の死亡

成年被後見人等の死亡により法定後見が終了した場合の事務とはどのようなことでしょうか。また相続人に対する連絡、報告、成年被後見人等の財産の引渡しはどのようにしたらよいのでしょうか。

1．死亡の届出

成年被後見人等が死亡したことによって、成年後見等は絶対的に終了します。まずは家庭裁判所に連絡します。

戸籍への届出は、戸籍法第87条第２項において「死亡の届出は、同居の親族以外の親族、後見人、保佐人、補助人、任意後見人及び任意後見受任者も、これをすることができる」とされています。

2．成年被後見人等の死亡により法定後見が終了した場合の事務

(1) 成年後見人等が相続人の場合

家庭裁判所へ成年被後見人等が亡くなった日から２週間以内に、死亡診断書または除籍謄本のコピーを添えて死亡の連絡をします。前回の報告から死亡時までの報告は、家庭裁判所からの求めに従ってください。成年後見監督人等が選任されている場合には、指示に従ってください。最後に、東京法務局に終了登記の申請（後見登記法第８条第１項、第２項）を行います。

(2) 成年後見人等が相続人でない場合

家庭裁判所へ成年被後見人等が亡くなった日から２週間以内に、死亡診断書または除籍謄本のコピーを添えて死亡の連絡をします。成年被後見人等の死亡後の成年後見人等の事務としては、管理の計算（民法第870条）、急迫の事情があるときは、成年被後見人等であった者のために必要な範囲で後見の事務の処理（民法第874条による第654条の準用）を成年被後見人等が亡くなった日から２か月以内に行います。さらに、成年被後見人等が亡くなった日から６か月以内に、成年被後見人等の財産を相続人に引き継ぎ、相続人から受領した引継書を家庭裁判所に提出し最終報告を行います。相続人の調査に時間を要する、相続人が受け取りを

拒否しているなど相続人への引継ぎが困難な事情がある場合には、家庭裁判所へその旨を連絡します。また、成年後見等の終了の登記の申請が定められています。

管理の計算を終了するには、成年後見人等の報酬を決定する必要があります。家庭裁判所に報酬付与の申立てを行い、報酬付与の審判（民法第862条）を得て成年被後見人等の財産から報酬を受領します。成年後見監督人等が選任されているときには、管理の計算を行うにあたり成年後見監督人等の立ち合いが必要とされています（民法第871条）ので、注意が必要です。その後、管理財産を相続人に対し引き渡さなければなりません（Q48参照）。

3. 管理財産・関係書類の引渡し

成年被後見人等の死亡により法定後見等が終了した場合は、相続が開始します。成年後見人等が管理していた成年被後見人等の財産については、成年後見人等の管理権が失われるとともに、相続人にその権利が承継されます（民法第896条）。相続人が数人あるときは、成年被後見人等の財産は、各相続人の共有となります（民法第898条）。

したがって、成年後見人等は、成年被後見人等の死亡を確認した場合には、戸籍謄本を取得して相続人調査（相続人の確定）を行い、相続人に対し連絡することが必要です。相続財産の引渡しにあたっては、事後の相続人とのトラブルを防止するため、少なくとも管理記録に基づいて財産の管理の概要と現状について説明したうえ、引き渡した財産、引渡しの日付、受領者の署名押印の記載された受領証と引替えに財産を引き渡す必要があります。

相続人が１人の場合は、管理財産を相続人に引き渡して受領書（署名・捺印）をもらいます。相続人が２人以上の場合は、代表受取人（相続人全員の合意書）に引き渡すことになります。また、遺言がある場合には、自筆証書遺言の場合は検認手続きを経た後に、また、公正証書遺言がある場合には遺言執行者に対し管理財産を引き継ぎます。いずれの場合も、受領者の身分を免許証などで確認することが必要です。

しかしながら、相続人の間に相続財産をめぐって紛争が生じている場合には、このような処理が困難な場合があります。このような場合、引渡しが可能になるまで、事実上保管を継続しなければなりません。なお、家庭裁判所によっては、成年後見人等だった者が財産管理人選任の申立てを行い遺産管理人の選任（民法第918条）により、成年後見人等が財産管理者に財産を引き渡すことで終了となります。

成年被後見人等の生前に成年後見人等と面識のない者が、成年被後見人等の死後自ら相続人であると主張して相続人として財産の引渡しを求めることがあります。その場合は、相続人であると主張をする者に戸籍謄本などの提出を求め、提示がされない場合は引渡しを拒否するという対応が必要となると考えられます。

相続人が不明ないし不存在の場合、成年後見人等は、管理財産の返還や後見の管理の計算の報告を誰に対して行うか支障をきたします。この場合は、成年後見人等は利害関係人として相続財産管理人の選任の申立て（民法第952条）を行い、選任された相続財産管理人に管理財産の引渡しを行います。成年後見人等は管理の計算の清算結果を権利者（相続人）に対して報告するとともに、管理財産を引き渡し、家庭裁判所に後見事務の終了を報告します。相続人への引渡しが長期になる場合は、家庭裁判所に相談し、その指示に従ってください。親族のいない場合などは、Q67を参照してください。

なお、2021（令和３）年民法（相続法）改正により、「相続財産管理人」は「相続財産清算人」となるなどの変更があります。法施行は2023（令和５）年４月１日と予定されています。

4　家庭裁判所への報告等

Q57 法定後見の終了

法定後見の終了の原因・手続について説明してください。

1. 法定後見（後見、保佐、補助）の終了原因

法定後見の終了原因は、大きく分けて二つあります。成年被後見人等の死亡・失踪宣告、あるいは事理弁識能力の回復による法定後見の開始の審判の取消しにより、成年後見制度の利用そのものの必要性がなくなるもの「絶対的終了」と、後任者が選任されるため法定後見の終了とはなりませんが、成年後見人等の死亡、辞任、解任、欠格事由該当により任務を終了するというもの「相対的終了」があります。

2. 成年後見人等の死亡

成年後見人等が死亡した場合には、成年被後見人とその成年後見人等との間の後見事務は終了します。この場合は、死亡した成年後見人等の相続人が終了の事務処理（管理の計算）を行うこととなります。成年被後見人のために、申立てまたは職権により家庭裁判所が後任の後見人を選任することになります。

3. 審判の取消

成年被後見人の判断能力が回復し、後見を必要としない状況となった場合は、成年被後見人自身または四親等以内の親族、成年後見人等の申立てにより、後見開始の審判が取り消されます（民法第10条）。成年被後見人の判断能力が、保佐や補助のレベルに回復した場合は、保佐開始または補助開始の審判がされたとき（民法第876条の2第1項、第876条の7第1項）も同様となります。

4. 後見人の辞任

成年後見人等は、正当な事由があるとき（親族・市民後見人等へのリレーや成年被後見人等からの正当な交代の要望などを含む）には、家庭裁判所の許可を得て辞任することができます。辞任する成年後見人等は、後任の成年後見人等の選任を家庭裁判所に申し入れます（民法第844条、第845条）（Q58参照）。

5. 後見人の解任

成年後見人等に不正や著しい不法行為、その他後見人の任務に適しない事由があるときには、家庭裁判所は職権により成年後見人等を解任することができます。この場合も、家庭裁判所は申立てまたは職権により後任の成年後見人等を選任します（複数後見の場合には、成年後見人等を新たに選任しないこともあります）。成年後見人の解任は、欠格事由に該当（民法第847条）し、選任されているすべての案件の成年後見人等が解任され、成年後見人等になることができなくなります（Q59参照）。

6. 成年後見等の欠格事由

成年後見人等の欠格事由に該当する者としては、①未成年者、②裁判所で免ぜられた法定代理人、保佐人または補助人、③破産者、④成年被後見人等に対して訴訟し、またはした者ならびにその配偶者および直系血族、⑤行方不明者となることがあげられます（後見の場合：民法第847条。保佐の場合：民法第876条の2第2項、補助の場合：民法第876条の7第2項で準用）。成年後見人等に選任後に欠格事由に該当することとなったときには、その地位を失うことになります。この場合も、速やかに後任の成年後見人等が選任されます。

7. 法定後見の終了の手続

法定後見の任務の終了に際しての事務は、管理の計算、後見等の終了の登記の申請、財産の引渡し、家庭裁判所への報告などの職務を行わなければなりません。

管理の計算は2か月以内にしなければなりません（後見の場合：民法第870条。保佐の場合：民法第876条の5第3項、補助の場合：民法第876条の10第2項で準用）。成年後見監督人等があるときには、その立会いをもって行います（後見の場合：民法第871条。保佐の場合：民法第876条の5第3項、補助の場合：民法第876条の10第2項で準用）。

具体的には、成年後見人等が管理していた成年被後見人等の財産についての収支状況報告書と財産目録を作成し、報告します。報告の相手は、絶対的終了では相続人、後見開始の審判が取り消された場合は成年被後見人等であった人、相対的終了では後任の成年後見人等になります。

また、成年後見人等であった者は、急迫の事情があるときには、後見事務の引継ぎが終わるまでは、必要な処分をしなければなりません（民法第874条による第654条の準用）。詳しくはQ56を参照してください。

成年後見人等と成年被後見人等との間で、後見等の任務を行うことで生じた債権は、成年後見人等の管理権が消滅したときから５年の時効によって消滅します（民法第875条、第832条）。

成年後見等の終了の登記については、家庭裁判所の審判により終了する場合には、裁判所書記官が登記の嘱託の手続きをします。一方、成年被後見人等の死亡により法定後見が終了した場合には、成年被後見人等の死亡を知った成年後見人等が、後見等の終了の登記を申請することになります（後見登記法第８条第１項）。

4 家庭裁判所への報告等

Q58 成年後見人等の辞任・交代

成年後見人等の辞任・交代について説明してください。

成年後見人等は、「正当な事由」のあるときは、家庭裁判所の許可を得て、その任務を辞することができます（後見の場合：民法第844条。保佐の場合：民法第876条の2第2項、補助の場合：民法第876条の7第2項で準用）。したがって、成年後見人等が辞任しようとするときには、家庭裁判所に辞任の許可の審判の申立てをすることになります。

「正当な事由」の有無は、具体的事情ごとに判断されますが、成年後見人等の高齢、疾病、遠隔地居住などのために後見事務を適切になし得ないようになった場合は、これにあたると解されます。

成年後見人等が辞任したことによって新たに成年後見人等を選任する必要が生じたときは、その成年後見人等は、遅滞なく新たな成年後見人等の選任を家庭裁判所に請求しなければなりません（後見の場合：民法第845条。保佐の場合：民法第876条の2第2項、補助の場合：民法第876条の7第2項で準用）。

したがって、家庭裁判所が成年後見人等の辞任を許可する審判をする場合には、必要に応じて辞任の申立てをした成年後見人等に対し、後任の成年後見人等の選任の申立てを促すか、職権による成年後見人等の選任を検討することになります（民法第843条第2項）。

以上から、辞任をしようとする成年後見人等は、成年後見監督人等がいる場合、ほかに成年後見人等がいる場合（複数後見）を除いて、辞任の申立てと同時に後任の成年後見人等の選任の申立てを行うことになります。

このように、民法では後見人の辞任について成年後見人等側が何らかの事情により後見事務を適切になし得ないようになった場合に、家庭裁判所の許可を求めることになります。この運用が成年後見制度を利用する本人にとって、成年後見人等とうまくコミュニケーションがとれなかったり、本人の意思決定支援や身上保護を尽くさないなどの理由から後見人を代えてほしい、というような希望は受け付けられない実態がありました。成年後見制度利用促進法の第二期基本計画においては、この点について運用改善がなされるべきとの見解から、以下のように整理されたところです。

- 各家庭裁判所には、地域の関係者との連携により、本人にとって適切な後見人の選任や状況に応じた後見人の交代を実現できるよう、引き続き努力することが期待される。
- 最高裁判所・家庭裁判所には、関係機関等とも連携し、本人情報シートの更なる周知・活用に向けた方策を検討することが期待される。

注：厚生労働省「第二期成年後見制度利用促進基本計画最終とりまとめ概要」より引用

このような運用改善が各地で実現すれば、成年後見人等が選任された後に中核機関等による適切なモニタリングのもと、本人にとってよりふさわしい成年後見人等が後見事務を担うことを想定して専門職や法人から市民後見人や親族後見人に引き継ぐいわゆる「交代」も視野に入れていく必要があります。

Q59 成年後見人等の解任

成年後見人等が解任されるのはどのような場合でしょうか。

民法第846条では、「後見人に不正な行為、著しい不行跡その他後見の任務に適しない事由があるときは、家庭裁判所は、後見監督人、被後見人若しくはその親族若しくは検察官の請求により又は職権で、これを解任することができる」としています（保佐の場合：民法第876条の２第２項、補助の場合：民法第876条の７第２項で準用）（任意後見の場合についてはＱ78参照）。すなわち、成年後見人等に不正な行為や著しい不行跡、その他成年被後見人等への支援にとってふさわしくない理由があるときには、管轄の家庭裁判所は、成年後見監督人等、成年被後見人等またはその親族、検察官の請求によって解任することができ、これらの請求だけでなく職権でも解任することができます。解任されると成年後見人等の欠格事由となります。

解任が請求される場合、さまざまな理由が考えられます。「不正な行為」とは、他人の権利または利益を侵害して損害を与える違法な行為で損害賠償請求権の発生原因となる民法上の不法行為、刑法に触れるような犯罪行為があげられます。また、これらは相互に重複する場合もあり、一般的には、違法な行為と解することができます。例えば、成年後見人等が成年被後見人等の財産を自分の財産であると主張したり、成年後見人等が成年被後見人等の財産を自分のために使ったりしたことが明らかになった場合、解任の請求手続がとられることになったり、家庭裁判所が職権で解任することになります。

「著しい不行跡」も数多く想定できます。例えば、民法第858条では、成年後見人等の義務を規定していますが、これらの義務を全く果たさず、後見事務を怠った場合や、成年後見人等としての権限を濫用した場合などが想定できます。具体的には、成年後見人等に選任された後、家庭裁判所の求めに応じず財産の調査や財産目録の調整やその他の報告を行わなかった場合などがあげられます。

以上のような場合に、家庭裁判所は成年後見人等を解任しますが、成年後見人等が故意または過失によって成年被後見人等に損害を与えた場合（例えば、不適当な財産管理により財産上著しい損失があった場合）、成年後見人等はその損害を賠償しなければなりません。成年後見人等が成年被後見人等の財産を横領した場合などは、業務上横領罪などの刑事責任を問われることもあります。

解任された場合は、再び成年後見人等に選任されることはありません。一度失墜した信用を取り戻すことは、大変困難です。成年後見制度の発展のためにも成年後見人等には、適正な後見業務の遂行と、より高度な倫理規範が問われています。

Q60 医療保護入院の同意者および心神喪失者等医療観察法の保護者

精神障害者の成年後見人および保佐人は、精神保健福祉法で医療保護入院時の同意者になることになっていますが、どのような責務があるのでしょうか。

成年被後見人等が、精神科病院に入院する可能性が想定される場合には、何点か押さえておかなければならないことがあります。

1. 入院形態

精神科病院への入院は、基本的に精神保健福祉法に基づいて行われるものです。ただし、正確にいうと、自由入院と呼ぶ精神保健福祉法によらない入院もありますが、特殊な例を除いて実際にはほとんどありません。この自由入院と任意入院との違いは、任意入院の場合には退院の申出があったときに、精神保健指定医が必要と認めたときに72時間を限度に退院させないことができる点です。

精神保健福祉法に基づく入院は大きく分けて二つの形態があります。一つは「任意入院」で、本人の同意による入院です。もう一つは「医療保護入院」で、精神保健指定医が診察した結果、入院が必要と判断されたにもかかわらず、本人が入院に同意しない場合に「家族等」の同意により入院するものです。ほかに、自傷他害のおそれが著しい場合に、２名以上の指定医が診察し結果が一致した場合、都道府県知事の命令で行われる「措置入院」があります。

2. 医療保護入院の同意ができる「家族等」

「同意者」にあたるのは誰かということは、精神保健福祉法第33条に規定されています。それによると、家族等（当該精神障害者の配偶者、親権を行う者、扶養義務者および後見人または保佐人）のうちいずれかの者の同意があるときは本人の同意がなくてもその者を入院させることができるとされています。なお、家族等がいない場合は市町村長の同意で入院させることができます。

医療保護入院における家族等の同意は、それによって、必ず、即、身体に侵襲的な治療や検査が行われると決まったものではありませんが、リスクを伴うものであり、成年後見制度の目的やその法的性質を考えると、この同意権（義務）を成年後見人や保佐人に与える現在の制度は、再検討を要するものと考えます。

3. 家族等の役割

次に、家族等の役割についてですが、家族等は、医療保護入院の同意をすることができること（精神保健福祉法第33条第１項）のほかに、退院などの請求をすることができる（精神保健福祉法第38条の４）という役割が規定されています。

また、家族等は本人の入院中の処遇についても配慮しなくてはなりません。通信や面会が制限されていないか、任意入院の場合は開放処遇に努めなければならないことになっているので、それが守られているか、不当な隔離や拘束・抑制がなされていないかなどに気を配ります。

なお、精神保健福祉法では廃止された保護者に関する規定ですが、心神喪失者等医療観察法では規定があります（心神喪失者等医療観察法第23条の２）。保護者となるべき順位は後見人または保佐人が第１位となっていますので、行うべき事務を確認する必要があります。

5 留意を要する事項

Q61 身元保証・身元引受

入院や施設入所に際して身元保証人や身元引受人になるように求められることがあります。身元保証・身元引受といわれるものの内容は何でしょうか。また、求められた場合の確認と対応の仕方について教えてください。

身元保証人・身元引受人については、その役割が契約上さまざまに規定され、さまざまに解釈されています。「身元保証に関する法律」における身元保証人は、雇用契約上の身元保証人を意味し、被保証人による事業者などへの損害賠償の責任を負うとされています。身元保証人の条件として、民法第450条では、「能力者たること」と「弁済の資力を有すること」があげられています。つまり、身元保証人には私財を提供してでも賠償請求に応じなければならないことが起こり得ると理解されます。

1. 身元保証人・身元引受人の責務

福祉施設への入所や福祉サービスの利用、入院時などに求められる「身元保証人」「身元引受人」について、いかなる責務を要求されているのか明確でない場合が多いのは事実です。単に、成年被後見人等の死亡時の遺品の引取りや親族への連絡を求められているにすぎないこともあります。また、福祉サービスの利用料の支払いが滞ったときに、支払いの肩代わりを要求される場合もあります。また、成年被後見人等の重大な過失によって施設やほかの施設利用者に与えた損害の賠償責任を問うものであるかもしれません。何らかの理由で施設退所や退院を求められたときに、身柄の引受けなどの身元引受を求められる場合もあります。身元保証契約書あるいは身元引受契約書（または入所契約書のなかに身元保証または身元引受の条文がある場合もあります）の内容によって、どのような責任を負うかを確認することが必要です。これらの契約書または契約条項がないまま身元保証人・身元引受人と表示して署名捺印することは避けるべきです。施設または病院などから成年被後見人等の身元保証人・身元引受人になることを求められた場合には、まず、その責任内容を確認する必要があります。「形式だけですから…」などという言葉を信じて安易に署名すると、後日、大変な負担を負うことも考えられますので、十分に注意してください。

2. 成年後見人等が身元保証人・身元引受人となるべきではない理由

一般論としては、第三者の成年後見人等は、成年被後見人等の身元保証人や身元引受人にはなるべきではないと考えます。

なぜなら、以下の理由が考えられるからです。

① 責任範囲が明確でない責任は負うべきではないこと（単に口頭の説明では、後日違う解釈が出てくることもあります）

② 将来の損害賠償などの責任を回避するために、その原因となる可能性のある施設やサービスの利用を成年被後見人等に制限する可能性があること

③ 仮に成年後見人等が身元保証人または身元引受人としての責任上賠償義務に応じた場合、最終的には成年被後見人等に対する求償権（身元保証人などの責任として、成年被後見人等の債務を支払った成年後見人等が、これを成年被後見人等に請求できる権利）を有することになり、これは明らかに利益相反の関係であること

④ 施設退所や退院の場合、身元保証人・身元引受人である成年後見人等が成年被後見人等を自宅に引き取らざるを得ない状況が生じる可能性も否定できないこと（このようなことは、第三者である成年後見人等としての責務を超えるものであると考えられること）

現実には、入院しなければならない成年被後見人等を目の前にして病院から身元保証人になることを要請されたり、成年後見人等が成年被後見人等の身元保証人・身元引受人になりさえすれば施設入所が可能である状況に直面して、苦しみ悩む場面は多々あると思われます。しかし、緊急連絡先、利用料の支払い、成年被後見人等の今後についての検討など、成年後見人等がいることで解消できることがあります。成年後見制度の趣旨と成年後見人等としてできること、できないこと（Q８参照）を施設に十分に説明して、できることの範囲で協力することを条件に入所を認めてもらうよう、粘り強く交渉することが必要です。

成年後見人等であれば「身寄りがない人の入院及び医療に係る意思決定が困難な人への支援に関するガイドライン」の内容や、各自治体で取り組まれている身元保証の仕組みなどの情報を得ることで、適切な対応を行うことが求められます。

5 留意を要する事項

Q62 入院契約

医師から成年被後見人等を入院させなければならないと告げられたとき、成年後見人等（または任意後見人）にできることは何でしょうか。家族が反対している場合や連絡が取れない場合についても説明してください。

成年被後見人等が病院への入院が必要になった際に、成年後見人等ができることと、しなければならないことについて考える必要があります。

病院との入院契約締結を有効に行うためには、入院契約に関する代理権が必要です。この点、法定後見における成年後見人には包括的な法定代理権が帰属しますので特に問題はありませんが、保佐人および補助人については、まずこの代理権の有無が問題となります。そこで、設問のような場合であって、仮に保佐人および補助人が家庭裁判所から入院契約に関する法定代理権を付与されていないときには、家庭裁判所に入院契約に関する法定代理権の付与を申し立て、その付与を受けたうえで、入院手続を進めることになります。なお、法律的には、この代理権さえあれば、家族の意向にかかわらず、有効に入院契約を締結することができます。したがって、家族が入院に反対であったり、家族と連絡が取れない場合であったとしても、入院が客観的にみて本人の利益となり、かつ、本人が入院を拒絶していない限り、成年後見人等の判断で入院契約を締結することは可能です。

もっとも、医療行為については法律がいまだ未整備な状況にあり、入院後に当然予想される治療行為について、成年後見人等には一切同意権限がないというのが現行法の建前となっています（詳しくはQ65参照）。したがって、本人の不利益にならないよう家族の協力や理解を求められるように、粘り強く対応していくことが、現実には最も望ましい姿勢といえるでしょう。

保佐人ないし補助人が入院契約に関する代理権をもっていない場合に、被保佐人や被補助人を緊急に入院させる必要が生じたときには、法律的には緊急事務管理（民法第698条）として、入院手続きを行うことは可能です。

ただし、以後の法律関係を明確化するためにも、事後的にでも本人の同意のもと、家庭裁判所に医療契約に関する代理権の付与を申し立てるべきでしょう。

5 留意を要する事項

Q63 成年後見人等の権限行使

成年被後見人の予防接種の同意を求められました。どのように対応すればよいでしょうか。また、個人番号カードの発行、印鑑登録について成年後見人はどのように対処したらよいか教えてください。

1. 予防接種

医的侵襲行為については成年後見人等の権限が及ばないとされていますが、予防接種法上の保護者には成年後見人も含まれ（予防接種法第２条第７項）、予防接種を受けられるよう努力する義務が課せられています（予防接種法第９条第２項）。補助人、保佐人、任意後見人についてはこの限りではありませんが、本人にわかりやすく説明を行い、同意を得ることは当然必要です（予防接種法第８条第２項）。

2. 個人番号カードの発行、印鑑登録資格

個人番号カードの発行は成年被後見人等の意思に委ねられるべきですが、各種行政手続きを行う際に成年後見人等が個人番号を把握しておく必要がある場合もあります。また、発行された個人番号カードの管理についても一義的に成年後見人等が行うということではなく、成年被後見人の意向を尊重しながら取り扱う必要があります。

印鑑登録資格についても2019（令和元）年６月に「成年被後見人等の権利の制限に係る措置の適正化等を図るための関係法律の整備に関する法律」の施行に伴い改正されています。印鑑登録が一旦廃止されたとしても再度登録できる道が開けていることを把握しておく一方で、法改正はされましたが、後見開始の審判に連動して印鑑登録が抹消され、必要があれば改めて手続きを行うこととされたことについては、権利の制限にかかる措置の適正化として不十分であり、改善を求めていく必要はあります。

64 選挙権の行使

成年被後見人に投票入場券が届きました。成年後見人としてどのような対処が必要でしょうか。

A

2013（平成25）年5月、「成年被後見人の選挙権の回復等のための公職選挙法等の一部を改正する法律」が成立、公布されました（平成25年6月30日施行）。これにより、同年7月1日以後に公示・告示される選挙について、成年被後見人の方は、選挙権・被選挙権を有することとなりました。

この法改正は、2011（平成23）年2月に成年後見制度を利用して成年被後見人となったことから選挙権を奪われた本人が、公職選挙法第11条は選挙権を侵害するものであり憲法違反であるから、選挙権の存在を確認することを求め、東京地方裁判所に裁判を起こしたことが契機となっています。

2013（平成25）年3月に、東京地方裁判所は、選挙に能力を必要とすることは認められるが、成年後見制度を借用して、一律に選挙権を制限することになる公職選挙法第11条第1項第1号は違憲であると判断し、訴状で求められたとおり、原告に国政の選挙権を行使する地位を確認しました。本裁判において裁判長が最後に原告に対して「どうぞ選挙権を行使して社会に参加してください」と語りかけたことは、ノーマライゼーションの具現化であり、地域共生社会の実現を目指す成年後見制度利用促進法の理念にもつながるものです。

公職選挙法等の改正では、併せて、選挙の公正な実施を確保するため、代理投票において選挙人の投票を補助すべき者は、投票にかかる事務に従事する者に限定されるとともに、病院、施設等における不在者投票について、外部立会人を立ち会わせること等の不在者投票の公正な実施確保の努力義務規定が設けられました。

上記のとおり、選挙が行われる際には成年被後見人に投票入場券が届きます。成年後見人としては、成年被後見人に投票の権利があることを支援関係者と協力して伝え、本人が投票の意思を示せばそれが実現するよう手配をすることが求められます。当然のことながら成年後見人が成年被後見人の代わりに投票できるということではありません。

Q65 医療同意

成年被後見人等の家族と連絡が取れないまま、成年被後見人等が手術を受けなければならない事態になったとき、成年後見人等としては、どのように対処すればよいのでしょうか。手術についての同意書にサインしてもよいでしょうか。その結果、責任を追及されることはないでしょうか。

医療を巡る法律問題については、成年後見制度に関係する問題のみならず、一般的に多くの未解決問題が山積しています。

1. 医療行為への対応に関する一般的問題点

成年後見人等がその職務の一環として成年被後見人等に対する医療行為にかかわる場合、法律的には、①病院または医師との医療契約の締結に関する問題と、②個別具体的な「医的侵襲行為」への同意に関する問題とを区分して考える必要があります。なぜなら、わが国では、成年後見人等の法的権限（代理権）は、①のみを対象としたものであり、②にまでは及ばないものとされているからです。「医的侵襲行為」に対する同意権限は、法律上成年後見人等には認められていないのです。

ここで「医的侵襲行為」というのは、各種の検査、治療行為（投薬、注射など）などの個別具体的な医療行為（事実行為）のことを指しており、設問の「手術」も当然これに含まれます。したがって、法律の解釈としては「成年後見人等は成年被後見人等の手術に同意することはできない」、もう少し正確にいうと、「同意する法的権限はない」ということになります。もっと具体的にいえば、同意能力のある成年被後見人等が手術に明確に反対している場合には、成年後見人等が勝手にその手術に「同意」して、手術を成年被後見人等に「強制」することはできないということです。もっとも、実務上では、成年被後見人等が疾病の影響のために極めて理不尽な反対をしている場合（例えば、精神障害の事案）や、成年被後見人等に同意能力やそもそも意思を表示する能力がなくなっている場合（例えば、意識の混濁状態や植物状態）なども想定できます。しかし、立法者は、こうした事態に対しては、「当面は社会通念のほか、緊急性がある場合には緊急避難（民法第720条第２項、刑法第37条第１項）・緊急事務管理（民法第698条）などの一般法理に委ねることをせざるを得ない」と述べるにとどまっています。

また、法的拘束力はありませんが、「身寄りがない人の入院及び医療に係る意思決定が困難な人への支援に関するガイドライン」「人生の最終段階における医療・ケアの決定プロセスに関するガイドライン」の内容をあらかじめ確認しておく、いわゆるエンディングノートを作成しているかの確認もしておく必要があるでしょう。

2. 成年被後見人等が手術を受けなければならない事態になったとき

さて、以上のことから、設問のような事態が生じた際には、成年被後見人等の同意能力の有無によって、その対応も異なることになります。まず、成年被後見人等に同意能力がある場合です。同意能力については、現在のところ、法律上明確な定義があるわけではありませんが、本人の意思が最優先になります。

逆に同意能力がない場合はどうすべきでしょうか。既述のように、この問題については法の不備があり、成年後見人等の行動に対する明確な法的基準は残念ながら存在していません。「身寄りがない人の入院及び医療に係る意思決定が困難な人への支援に関するガイドライン」の内容に準拠しつつ、「後見事務のガイドライン」の意思決定支援の基本原則に則って意思決定支援を尽くし、それでも本人の意思が確認できない、または本人から表明された意思等が本人にとって見過ごすことのできない重大な影響を生ずる可能性が高い場合には代行決定の検討に移ります。

Q66 永代供養等墓地に関すること

成年被後見人等の墓地について、成年後見人等として事前にできることがありますか。

遺骨は、本来、相続人その他の親族に引き渡すことになりますが、引取り手がいない場合には、納骨についても「死体の火葬または埋葬に関する契約」に準ずるものとして、家庭裁判所がその必要性等を考慮したうえで、その許否を判断することになるものと考えられます。そのため、相続人等がいない場合には、あらかじめ成年後見人等として成年被後見人等の墓地の場所、墓地の名義人、祭祀承継者等について確認をしておくことが必要となります。

1. 成年被後見人等が墓地の名義人や祭祀承継者である場合

墓地の名義人が亡くなったときに、その墓地をどうするかということが問題となります。日本では名義人の配偶者や長男が墓地を継ぐことが一般的でしたが、現在では、子どもがいない、墓地が遠くて管理が難しいなど複雑な問題を抱え、墓地の承継者がいないというケースも少なくありません。墓地の名義人が亡くなった場合、その墓地は「祭祀財産」となるため、これを相続する「祭祀承継者」を決める必要があります。

民法では、墓地などの祭祀承継者に関して次のように規定しています。

（祭祀に関する権利の承継）
第897条　系譜、祭具及び墳墓の所有権は、前条の規定にかかわらず、慣習に従って祖先の祭祀を主宰すべき者が承継する。ただし、被相続人の指定に従って祖先の祭祀を主宰すべき者があるときは、その者が承継する。
2　前項本文の場合において慣習が明らかでないときは、同項の権利を承継すべき者は、家庭裁判所が定める。

祭祀財産には、墓地・墓石や仏壇・仏具など先祖を祀るための財産などがあり、家や土地の不動産、預貯金などの相続財産とは異なり、分割できるものではなく、承継者は祭祀承継者１人となります。そして、祭祀財産を承継すると、墓地や遺骨に関する決定をする権利をもつ一方で墓地を維持する管理料の支払いなどの先祖を祀る義務も負うことになります。なお、祭祀財産は相続税がかかりません。

成年被後見人等が墓地の名義人や祭祀承継者である場合は、成年後見人等は、墓地を維持管理します。霊園では維持管理費を、寺院墓地ではさらに布施を支払います。墓地の管理費が納められなかった場合、数年後に墓地は無縁墓となり、使用権を失うこともあります。墓地が寺院墓地の場合、墓地の使用権だけでなく、檀家の務めも承継することが一般的です。

2. 承継者がいない場合の永代供養

成年被後見人等の祭祀承継者は、墓地と遺骨の所有権をもっているため、「墓地が遠方なので墓じまいをして近場の霊園に移したい」「承継者がいないため、永代供養がしたい」など希望があったときは、成年後見人等は、本人の意思に基づいた支援であることを前提として家庭裁判所へ相談をすることになります。家庭裁判所がその必要性等を考慮したうえで、その許否を判断することになるものと考えられます。

永代供養は墓地の承継者がいない場合に、墓地をもたない供養方法の一つです。墓参りに行けない方に代わって、または墓地の承継者がいない場合に霊園や寺院に供養・管理してもらえる埋葬方法を指します。永代供養には、遺骨を個別に供養する「分骨」の場合と他の方と主に供養する「合祀」の場合があります。永代供養は、霊園や寺院で末永く供養を行ってもらうことになります。そのため、供養をお願いする霊園や寺院がどのような考え方で供養に取り組んでいるのかを確認しておくことも必要です（例えば、永代供養にかかる費用、遺骨の安置期間：33回忌を期限とするなど）。永代供養は、さまざまな事情から一般的な供養が難しい方にとって、非常に有用な供養方法といえます。しかし、永代供養は誰にでも受け入れられる選択肢とは限りませんので、永代供養を検討される際には、成年被後見人等と丁寧に相談し理解を得たうえで進めていくことが求められます。

3. 市町村の義務

本人に身寄りがないか、あってもこれまでのかかわりがなく、埋葬、火葬をする者がいない場合は、法律上は市町村に埋葬・火葬を行う義務があります（墓地、埋葬等に関する法律第９条第１項）。

納骨すべき墓地がわからない場合は、最初に述べたとおり、本来、相続人その他の親族に引き渡しますが、引取り手がいない場合には、家庭裁判所がその必要性等を考慮したうえで、その許否を判断することになるものと考えられます（詳しくはQ67を参照してください）。そのうえで、無縁墓などの墓所へ埋葬することになります。なお、市町村によっては遺骨を保管してくれるところもありますので相談をすることもできます。

5 留意を要する事項

Q67 死後の事務

身寄りのない成年被後見人等や、親族がかかわりを拒否している場合において、成年被後見人等が亡くなったとき、成年後見人等としてはどうすればよいでしょうか。

成年後見人等に付与された権限は、成年被後見人等が亡くなったときに終了します。本人が亡くなった後の事務には、成年後見人等が行う「終了の事務」と、本来は成年後見人が行う権限や義務のない「死後の事務」があり、留意が必要です。

1. 成年後見人等が行う「終了の事務」

まず、「終了の事務」として、①管理の計算、②管理財産の一時保管と相続人への返還、③成年後見等の終了の東京法務局への登記申請、④家庭裁判所への後見事務終了報告があります。

①については、民法第870条にて「後見人の任務が終了したときには、成年後見人等は、2か月以内にその管理の計算をしなければならない」とされており、その具体的な事務としては「後見等終了時の財産の確定」「終了に伴う後見等の報酬付与審判の申立て」「家庭裁判所への計算結果の報告」が主なものとなります（Q56、57参照）。

なお、本人の死亡によって発生する公的な事務である死亡届の提出は、2007（平成19）年の戸籍法の改正により、成年後見人等による届出が可能となっています。

2. 成年後見人等が行う権限や義務のない「死後の事務」

以上は、亡くなった本人に協力的な親族がいる場合などの基本的な「終了の事務」の流れですが、質問のように、身寄りがない場合、また親族が一切のかかわりを拒否している場合は「終了の事務」を行う前に留意が必要な事項があります。

成年後見人等として、本人が亡くなったことの連絡を受けた際、まず行うことは、死亡の事実の確認（死亡日時、場所、要因など）です。そしてその後すぐに遺体をどうするか、葬儀をどうするか、という問題が生じます。本来、遺体の安置や葬儀については法定相続人などの親族が関与することになりますが、そのような人がいない、関与を期待できないなどの場合は、その対応を成年後見人等に求められることがあります。

成年被後見人に限っては「成年被後見人の死亡後の死体の火葬または埋葬に関する契約の締結その他相続財産の保存に必要な行為についての許可申立て」ができるようになりましたので、その必要性があると判断される場合には家庭裁判所の許可を得て、火葬・埋葬や入院入所していた場所にある本人私物処分の契約、相続財産の保存、生前に発生していた利用料等の払い戻しを行えるようになりました（民法第873条の２）。

上記申立てを行わない後見と保佐・補助・任意後見人についてのこれらの事項は引き続き後見終了時の応急処分（民法第874条、第654条）や相続人全員のための事務管理（民法第697条）を根拠として死後事務を行うことは否定されないと解されているところです。

死後事務は限られた時間のなかで判断が求められることが多いので、一連の流れについて親族や本人が居住する市町村、家庭裁判所と事前に検討しておく必要があります。

3. 財産の引継ぎ

成年後見人等選任申立時に提出された戸籍等や、就任後の聞き取りなどから相続人の調査をしておきましょう。成年被後見人の死亡後にこの調査を成年後見人等であった者が行う場合は、成年後見人等であったことを証明する登記事項証明書のほかに、終了の登記をした後に申請できる「閉鎖登記事項証明書」を提示することで、本人の法定相続人の調査を行います。

調査を行った結果、相続代表者がいる場合には、家庭裁判所に報告のうえ、速やかに引き渡しを行います。家庭裁判所によっては引継ぎ完了の報告が必要な場合もありますので確認しておきましょう。

相続人が不存在または調査に時間がかかる場合は、相続財産管理人選任申立て（民法第952条）、相続人と連絡がとれない場合は、不在者財産管理人選任申立て（民法第25条）を行います。また、相続人の判断能力に疑義がある場合は、相続人の関係者に成年後見制度活用についての働きかけを行いましょう。なお、2021（令和３）年民法（相続法）改正により、「相続財産管理人」は「相続財産清算人」となるなどの変更があります。法施行は2023（令和５）年４月１日と予定されています。

相続人間の紛争等が予想される場合は、法律家への相談を行ったほうがよい場合もあります。

Q68 成年後見制度利用支援事業

成年後見制度利用支援事業について説明してください。

成年後見制度利用支援事業とは、低所得の高齢者や障害者に対して成年後見制度の利用に伴う費用の全部または一部を助成する事業です。

1. 成年後見制度の利用に伴う費用について

成年後見制度の費用としては、①申立てに伴う費用、②成年後見人等の事務の遂行に伴う経費としての費用および報酬、の二つがあります。

① 申立てに伴う費用は、原則として申立人において負担すべきものとされています（家事事件手続法第28条第１項）（Ｑ17参照）。

② 後見事務に関する費用および成年後見人等の報酬は、成年被後見人等の資産から支弁するものとされています。ただし、成年後見人等の報酬は、成年後見人等の「報酬付与の審判の申立て」に基づいて、家庭裁判所が成年後見人等および成年被後見人等の資力その他の事情を考慮して決定することになっています（Ｑ53参照）。

家産の維持を主な目的にした禁治産制度から、身上保護を重視した新しい成年後見制度に名実ともに変わるためには、資力によらず、誰でも必要とする人が利用できる仕組みが必要でした。

この事業は、高齢分野において介護保険の周辺事業として始まりましたが、成年後見制度の利用に伴う費用に対する公的な援助を初めて制度化したものとして非常に重要な意義をもつものです。国は助成を行う場合の上限の参考単価を2001（平成13）年７月３日発出の厚生労働省老健局計画課長事務連絡で次のように示しています。

① 経費：申立手数料800円※、登記手数料2600円※、鑑定費用５～10万円、送達送付費用（申立類型、家庭裁判所によって異なる）

② 成年後見人等の報酬（上限）：在宅　月額２万8000円、施設入所　月額１万8000円

この事業の実施主体は市町村であるため、市町村によって実施内容が異なります。

成年後見制度利用支援事業の利用にあたっては、事前に助成対象や手続きの方法等について確認してください。

2. 事業の対象者と実施状況

この事業の対象者は、認知症高齢者から始まり、知的障害者や精神障害者にも拡大されました。当初は「市町村長が後見開始の審判の請求を行うことが必要と認める者」という要件がありましたが、2008（平成20）年に、厚生労働省社会・援護局障害保健福祉部障害福祉課より出された事務連絡「成年後見制度利用支援事業の対象者の拡大等について」により、知的障害者、精神障害者について上記要件が外されました。引き続いて認知症高齢者に対しても、厚生労働省老健局健康課長より出された事務連絡「成年後見制度利用支援制度に関する照会について」により、「成年後見制度利用支援事業の補助は、市町村長申立てに限らず、本人申立て、親族申立て等についても対象となりうるものである」との見解が示されました。そして、現在、障害者においては2012（平成24）年度から障害者総合支援法に規定する地域生活支援事業の必須事業となっています。高齢者では2006（平成18）年に介護保険法に規定する地域支援事業の任意事業として実施されています。2019（平成31）年４月１日時点での事業実施率は高齢者分野が95.2％、障害者分野が94.3％となっています。

事業の実施主体は市町村のため、助成対象の要件は市町村で異なり、申立費用および報酬助成の両方の助成をしている市町村は2020（令和２）年10月１日時点で８割を超えているものの、対象を市長申立てに限定しているところも多くあります（厚生労働省調べ)。2017（平成29）年３月24日に閣議決定された基本計画では、全国どの地域に住んでいても成年後見制度の利用が必要な人が制度を利用できるようにする観点から、成年後見制度利用支援事業の活用について、①未実施市町村においては事業を実施する、②市町村長申立ての場合に限定せず、本人や親族からの申立て等も対象とする、③後見類型のみならず保佐補助類型についても助成対象とする、ということを検討することが望ましいとしています。

全国どの地域に住んでいても、必要な人が成年後見制度を利用できるように、助成内容をより充実させる必要があるといえます。

※は2022年５月現在

69 日常生活自立支援事業の概要

日常生活自立支援事業（福祉サービス利用援助事業）について説明してください。

A

福祉サービス利用援助事業は、認知症高齢者、知的障害者、精神障害者など判断能力が不十分な人たちに対して福祉サービスの利用援助を行うことによって、自立した地域生活を送ることができるように、その権利を擁護することを目的として、第二種社会福祉事業に位置づけられています（社会福祉法第2条第3項第12号）。

日常生活自立支援事業は、福祉サービス利用援助事業が法定化される半年前から国庫補助事業として各都道府県の社会福祉協議会を実施主体とし、主に市町村の社会福祉協議会などに委託する形で行われています。2007（平成19）年4月に「地域福祉権利擁護事業」から名称が変更になりました。

1. 本事業の利用方法と援助の範囲

本事業は、福祉サービスの利用などについて自己の判断だけでは適切に行うことが難しいと認められる人が対象となりますが、本事業の利用は、利用者本人と実施主体とが契約を締結することによって行われるため、利用者には契約書および支援計画の内容について理解できる能力が求められます。

契約締結が可能かどうかの判定については、『契約締結判定ガイドライン』（全国社会福祉協議会）を用いた訪問調査によって行われています。契約締結に必要とされる利用者の能力は、契約内容（下記の援助の範囲のうち、どのサービスを利用するか）によって異なることが考えられます。

援助の範囲は、福祉サービスの利用援助として、以下の①～④があげられます。

① 福祉サービスを利用、または利用をやめるために必要な手続き

② 福祉サービスについての苦情解決制度を利用する手続き

③ 住宅改造、居住家屋の賃借、日常生活上の消費契約および住民票の届出等の行政手続に関する援助等

④ 福祉サービスの利用料の支払手続き

日常的金銭管理サービスとして、以下の①～⑤があげられます。

① 年金および福祉手当の受領に必要な手続き

② 医療費の支払手続き

③ 税金や社会保険料、公共料金の支払手続き

④ 日用品などの代金の支払手続き

⑤ ①～④の支払いに伴う預金の払戻し、預金の解約、預金の預入手続き

書類などの預かりサービスとして、以下の①～⑦があげられます。

① 年金証書

② 預貯金の通帳

③ 権利証

④ 契約書類

⑤ 保険証書

⑥ 実印・銀行印

⑦ その他、実施主体が適当と認めた書類（カードを含む）

本事業を実質的に担当する職員は、専門員と生活支援員です。専門員は、初期相談から支援計画の策定、契約締結に係る業務、生活支援員の指導等を行い、生活支援員は、専門員の指示による具体的な援助実施、実施状況の報告、利用者の状況把握と報告を行うことになります。

2. 本人の契約能力に疑義がある場合

本事業の援助は利用者と実施主体との契約によって行われるため、本人の契約締結能力に疑義が生じた場合には、専門的な見地から審査を行い、契約の適正さを確保する必要があります。これを担う機関として、「契約締結審査会」が設置されています。加えて、事業の透明性、公正性を担保し、事業に関する苦情解決を図ることを目的に、「運営適正化委員会」が設置されています。

利用料については、実施主体ごとに定められていますが、生活保護受給者については、公費補助によって無料です。

利用にあたっては、本人の意思能力の程度にもよりますが、本人の資産の額によって利用できない（ほかの制度の利用を勧められる）こともありますので、実施主体に対する確認が必要です。

Q70 日常生活自立支援事業と成年後見制度

日常生活自立支援事業（福祉サービス利用援助事業）と成年後見制度との関係について説明してください。

1. 成年後見制度につなげる場合

日常生活自立支援事業（福祉サービス利用援助事業）は、利用者本人と実施主体との契約締結によって援助が開始されます。したがって、①～④のような場合、本人の判断能力の程度や援助内容に応じて、専門員は成年後見制度につなげるように努める必要があります。

① 利用者本人が利用契約を締結できない場合

② 利用者本人の意思が確認できないため、この事業による支援計画を立てることができない場合

③ この事業の援助内容だけでは本人に対する十分な援助ができない場合

④ 本人の意思能力喪失後も本人が援助の継続を希望する場合

さらに、本事業の利用契約を締結し、サービスを利用している過程において利用者本人の意思能力が不十分になり、新たな支援計画の内容（援助の範囲）を理解することが不可能となったために社会福祉協議会などから解約の申出があり、契約締結審査会が解約が妥当と判断した場合、成年後見制度の活用について検討する必要があります。この場合、利用者本人はすでに援助が必要な状態ですので、援助に空白ができてしまうことは避けなければなりません。

基本計画でも日常生活自立支援事業等関連制度からのスムーズな移行が進められるべきとされています。特に日常生活自立支援事業については、成年後見制度への移行が必要な場合でも制度間連携が適切に行われていない等の実態を踏まえ、厚生労働省の補助を受け、日本社会福祉士会が「日常生活自立支援事業等関連制度と成年後見制度との連携の在り方等についての調査研究事業」を受託し、2021（令和３）年３月に報告書をまとめています。そのなかで連携がスムーズに行われるよう「関連諸制度との役割分担検討チェックシート」を開発し活用を提案しています。

2. 成年後見人等選任後に本事業を利用することについて

契約にあたって利用者本人の能力が不十分なために契約を締結できない場合でも、成年後見制度により選任された成年後見人等と社会福祉協議会などとの間で利用契約を締結することで本事業の利用が可能となります。

以下、成年後見人等が選任されている場合における本事業との関係について、成年後見制度の各類型に沿って説明します。

まず、補助人が選任されている場合、特定の法律行為に関する代理権または同意権・取消権が家庭裁判所の審判によって個別に付与されるため、これらの権限と本事業の契約締結などとの関係を考慮する必要があります。

例えば、補助人に本事業の契約に関する代理権（福祉サービス利用契約に関する代理権など）が付与されている場合には、この事業の利用にあたり、補助人が被補助人の代理人として契約を締結することが可能です。しかし、付与されている権限が、本事業とは関係しない場合は、補助人は被補助人に代わってこの事業の契約締結を行うことはできません。もっとも、補助人が選任されている場合でこの事業と代理権の内容が重ならない場合でも、被補助人が、本事業の利用に関する所定の手続きを経て、契約締結能力があると判断されれば、被補助人が契約を締結して本事業を利用できる可能性はあります。

保佐類型の場合、保佐人は、被保佐人の民法第13条第１項所定の事項に関して同意権と取消権を有しています。しかし、代理権については、補助類型と同様、当事者の申立てにより特定の法律行為の内容について家庭裁判所の審判によって定められることになります。本事業の利用契約の締結についての代理権が付与されている場合には、保佐人が被保佐人に代わって契約を締結することができます。有償の本事業の利用契約は、民法第13条第１項第２号の行為に該当しますので、被保佐人が保佐人の同意を得て利用契約を締結することも可能です。

後見類型の場合は、代理権、財産管理権、日常生活に関する行為以外の行為についての取消権が付与されます。成年後見人は、必要に応じて、後見の事務として本事業の契約を締結することができます。

任意後見では、任意後見契約において本事業の契約締結に関する代理権が付与されている場合には、任意後見の効力が発生した後に任意後見人として、本人に代わって契約を締結することになります。

ただし、本事業と成年後見制度の併用については、その考え方を実施主体によって整理している場合もあります。併用の必要性が高い場合は、本人の利用意思の尊重とともに実施主体との十分な協議検討を行い、本事業の利用が本人にとって最善の利益となるように配慮が必要です。

＜参考＞

・厚生労働省令和２年度生活困窮者就労準備支援事業費等補助金社会福祉推進事業「日常生活自立支援事業等関連制度と成年後見制度との連携の在り方等についての調査研究事業報告書」公益社団法人日本社会福祉士会、2021年

Q71 消費者契約法

「消費者契約法」について説明してください。

1. 消費者契約法の目的

消費者が事業者と契約をするとき、両者の間にはもっている情報の質・量や交渉力に格差があります。このような状況を踏まえて消費者の利益を守るため、2001（平成13）年4月1日に消費者契約法が施行されました。同法は、消費者が事業者とした契約（消費者契約）のすべてについて、不当な勧誘による契約の取消しと不当な契約条項の無効等を規定しています。

2. 消費者契約法に基づく契約の取消しと無効

取消しができる契約は、以下のようなことが該当します。

① 嘘を言われた（不実告知）

② 必ず値上がりすると言われた等（断定的判断の提供）

③ 不利になることを言われなかった（不利益事実の不告知）

④ お願いしても帰ってくれない（不退去）

⑤ 帰りたいのに帰してくれない（退去妨害）

⑥ 通常の量を著しく超える物の購入を勧誘された（過量契約）

⑦ 就職セミナー商法等（不安をあおる告知）

⑧ デート商法等（好意の感情の不当な利用）

⑨ 高齢者等が不安をあおられる（判断力の低下の不当な利用）

⑩ 霊感商法等（霊感等による知見を用いた告知）

⑪ 契約前なのに強引に代金を請求される等（契約締結前に債務の内容を実施等）

なお、消費者契約法に基づく契約の取消権は、提供されていた情報が虚偽であることを知った時や困惑の状態が解消された時から1年間行わないとき、または契約締結の時から5年を経過したときに時効により消滅します。単に「説明がなかった」ということでは取消しはできませんので、疑問な点はあいまいにせず、事業者に確かめること、また、実際に取消しを行うには、内容証明郵便などを使うことが必要です。

また、無効となる契約条項は、次のとおりです。

① 事業者は責任を負わないとする条項

② 消費者はどのような理由でもキャンセルできないとする条項

③ 成年後見制度を利用すると契約が解除されてしまう条項

④ 平均的な損害の額を超えるキャンセル料条項

⑤ 消費者の利益を一方的に害する条項

3. 消費者団体訴訟制度

消費者被害は、同じような種類の被害が多数の消費者に生じる特徴があります。こうした消費者被害の未然の防止、拡大防止のため消費者団体訴訟制度があります。民事訴訟の原則的な考え方では、被害者である消費者が、加害者である事業者を訴えることになります。しかし、①消費者と事業者との間には情報量の質・量・交渉力の格差があること、②訴訟には時間・費用・労力がかかり、少額被害の回復に見合わないこと、③個別のトラブルが回復されても、同種のトラブルがなくなるわけではないことなどから、内閣総理大臣が認定した消費者団体（適格消費者団体）に特別な権限を与えたものです。

具体的には、事業者の不当な行為に対して、適格消費者団体が不特定多数の消費者の利益を擁護するために、差し止めを求めることができる制度（差止請求）と、不当な事業者に対して、適格消費者団体のなかから内閣総理大臣が新たに認定した特定適格消費者団体が、消費者に代わって被害の集団的な回復を求めることができる制度（被害回復）があります。

成年後見人等としては、成年被後見人等が不当な勧誘や契約条項などによる消費者トラブルにあったときは、各地の消費生活センターに相談するなど速やかな対応が必要です。

なお、消費者契約法等については消費者庁のホームページを参考にすることができます。

・消費契約法

https://www.caa.go.jp/policies/policy/consumer_system/consumer_contract_act/

・消費者団体訴訟制度

https://www.caa.go.jp/policies/policy/consumer_system/collective_litigation_system/

Q72 高齢者虐待防止法と障害者虐待防止法

「高齢者虐待防止法」と「障害者虐待防止法」について説明してください。

高齢者虐待防止法は、2006（平成18）年４月から施行され、障害者虐待防止法は2012（平成24）年10月に施行されました。重大な人権侵害である虐待を防止するための法律で、虐待防止等に関する国および市町村の責務を明確にしました。そして、虐待者を罰するためではなく、虐待者を支援し、虐待防止を目的としていることなど共通するところがあります。それぞれについて以下に説明します。

1. 高齢者虐待防止法

この法律が対象とするのは65歳以上の高齢者で、「養護者による虐待」（在宅での家族などによる虐待）と「養介護施設従事者による虐待」（施設介護従事者、サービス提供者などによる虐待）への対応を規定しています。虐待の種別には、身体的虐待、放棄放任（ネグレクト）、心理的虐待、性的虐待、経済的虐待の五つがあり、虐待を発見した者は市町村や地域包括支援センターへ通報する義務があります。

2020（令和２）年度の養護者によるものの相談・通報件数は３万5774件で、うち虐待判断件数は１万7281件、養介護施設従事者等によるものの相談・通報件数は2097件で、うち虐待判断件数は595件で傾向として増加しています。高齢者虐待防止法第26条で国が高齢者虐待の適切な対応や虐待防止等のために高齢者虐待の事例分析や調査研究を行うことを規定しているので、毎年調査内容と虐待対応を強化する通知が発出されています。2021（令和３）年度にはすべての介護サービス事業者を対象に、虐待防止体制等の整備として、虐待防止検討委員会の設置等が義務づけられました。障害者サービス事業者においても同様に虐待防止委員会の設置等が義務化されました。

2. 障害者虐待防止法

この法律が対象とする障害者とは、身体障害、知的障害、精神障害（発達障害を含む）その他の心身の機能の障害がある者であって、障害および社会的障壁により継続的に日常生活または社会生活に相当な制限を受ける状態にあるもの（障害者基本法第

２条第１号）をいい、障害者手帳の有無を問いません。

また、障害者虐待防止法第３条で「何人も、障害者に対し、虐待をしてはならない」と明記しています。そして、①養護者による障害者虐待、②障害者福祉施設従事者等による障害者虐待、③使用者による障害者虐待の対応について規定しています。虐待の種別は、身体的虐待、性的虐待、心理的虐待、放棄放置（ネグレクト）、経済的虐待の五つです。虐待を発見した者は市町村や障害者虐待防止センターへ通報しなければなりません。

2020（令和２）年度の養護者による虐待の相談通報件数は6556件で、うち虐待判断件数は1768件、障害者福祉施設従事者等による虐待の相談通報件数は2865件、うち虐待判断件数は632件、使用者による虐待の通報届出のあった事業者数は1277事業所、うち虐待判断事業所は401事業所です。養護者による虐待と施設従事者による虐待は増加傾向にあり、使用者による虐待は変動があります。障害者虐待でも第42条で調査研究が規定され、高齢者虐待と同様の対応がされています。

高齢者虐待防止法との違いは四つあります。一つめは、使用者による虐待対応の規定です。二つめに都道府県にも障害者虐待対応の窓口等となる「障害者権利擁護センター」が設けられていること、三つめは、国と市町村は虐待を受けた方の自立支援に必要な施策を講じること、四つめは、学校や保育所、医療機関に通う障害者に対しての虐待を防止するための必要な措置を義務づけたことです。

3. 虐待対応としての成年後見制度の活用

高齢者虐待においては各種の調査結果から、認知症高齢者が虐待を受けやすいということがわかっています。そのため、高齢者虐待防止法では、虐待を受けている高齢者の判断能力が不十分な場合においては速やかに成年後見制度の利用に結びつくよう、必要な場合には成年後見制度の首長申立てを行って、虐待対応を行うよう示しています（高齢者虐待防止法第９条第２項）。そして、国及び市町村は成年後見制度が広く利用されるようにしなければならないと規定しています（高齢者虐待防止法第28条）。

同様に障害者虐待についても障害者虐待防止法第９条第３項で成年後見制度の首長申立てが、同第44条に成年後見制度の利用促進が規定されています。

特に、経済的虐待で、養護者が本人の資産を管理している場合などは、本人の判断能力の見極めとともに、本人の資産が本人のために活用できるよう、また、適切なサービスを利用するための契約が行えるよう、成年後見人等が選任される必要性が高くなります。しかし、現実には、虐待と判断された事例において、成年後見制度の活用に結びついている割合は、高齢者虐待も障害者虐待も養護者による虐待で１割に満たない状況が続いています。

暴力や暴言を受け続けるような状況にさらされ続けると、人は「パワーレス」という状態に陥ります。「パワーレス」の状態とは、恐怖と不安を抱き、無力感に陥り、行動の選択肢が何もない、と思い込むような状態です。このような状態にいる人は、安心できる生活の場を得て適切な支援者を得ることで、本来の自分の能力が回復された状態に戻ることができます。判断能力に問題がある原因が「パワーレス」の状態にある場合、成年後見人等が関与することで、その人らしい生活を取り戻すことへ寄与する役割を担うことも、本来期待されるところです。

73 生活保護法

「生活保護法」について説明してください。また、生活保護の申請が必要になった場合の成年後見人等のかかわりについて教えてください。

A

1. 生活保護制度の趣旨

日本国憲法第25条によって保障される生存権を実現するための制度の一つとして1950（昭和25）年５月に制定施行されました。生活保護制度は、生活に困窮する方に対し、その困窮の程度に応じて必要な保護を行い、健康で文化的な最低限度の生活を保障するとともに、自立を助長することを目的としています。

2. 生活保護制度の基本原理と実施上の原則

生活保護法には国民が等しく理解し守らなければならない原理が明記されています。それは、「国家責任による最低生活保障の原理（第１条）」「保護請求権の無差別平等の原理（第２条）」「健康で文化的な最低生活保障の原理（第３条）」「保護の補足性の原理（第４条）」の四つです。

第１条から第３条までは国の守るべき事柄を定めたものです。第１条は最も根本的な原理であり、国が生活に困窮する国民の最低限度の生活を保障するだけでなく、自立を助長することも目的としていることを規定しています。第２条では生活困窮に陥った原因を問わず、法の定める要件を満たす限り、この法律による保護を無差別平等に受けることができるとしています。第３条ではこの制度によって保障される最低限度の生活水準の性格を規定しています。

そして第４条は国民が保護を受けるために守るべき要件を規定したものです。保護を受けるためには、その利用できる預貯金などの資産や、稼働能力などの能力、その他のあらゆるものを活用することを要件とし、民法に定める扶養義務者の扶養および他の法律や施策の給付を優先して活用しなければならないと規定しています。

さらに、制度を具体的に実施する場合の四つの原則が定められています。

⑴ 申請保護の原則（第７条）

生活に困窮する国民には、法律上、保護を請求する権利が保障されていますが、

法は申請行為を前提として、その権利の実現を図ることを原則とします。ただし、保護者が急迫した状況にあるときは、保護の申請がなくても職権保護ができることが明記されています。

生活保護の申請は本人の意思に基づくものであることを原則としており、要保護者本人に十分な意思能力がない場合でも、実施機関の職権保護もあるため、代理人による保護申請は認められていませんでした。しかし、2021（令和3）年10月に、成年被後見人は「事理を弁識する能力を欠く常況にある」ことから、保護申請にかかる判断能力がないこと、保護申請は成年後見人に付与されている代理権に含まれると解釈され、成年後見人による申請が有効なものと「生活保護問答集」に示されました。なお、被保佐人、被補助人は含まれませんし、被後見人も本人の同意があることが望ましいとされています。

この通知文が示されたことで、保佐人、補助人は生活保護申請に対して権限がないことが強調され、関与が難しいとされる場面がありますが、被保佐人、被補助人であっても本人の意思に基づく生活保護申請を保佐人、補助人が支援することを否定されるものではないことに留意が必要です。

(2) 基準及び程度の原則（第8条）

保護の具体的実施内容が全国同じになるように、厚生労働大臣の定める基準により、この困窮の程度に応じて、その方の金銭や物品で満たすことができない不足分を補う程度において行うものと規定しています。

(3) 必要即応の原則（第9条）

年齢や健康状態という個々の事情を考慮して有効かつ適切に行われるべきことを規定しています。

(4) 世帯単位の原則（第10条）

生活困窮という状態が、生計を同一にしている世帯全体で把握される現象であるという社会通念から、保護の要否や程度を世帯単位で判定して実施するという原則です。

3. 相談・申請窓口

生活保護の相談・申請窓口は住んでいる地域を所管する福祉事務所の生活保護担当です。市町村では制度により担当窓口が異なりますが、成年被後見人は高齢福祉や障害福祉に関するところとかかわりのあることも多いので、関係課との連携も必要です。

<参考>

・生活保護制度研究会『生活保護のてびき　令和3年度版』第一法規、2021年

7 任意後見制度

Q74 任意後見契約の締結

任意後見契約は、どのように締結されるのですか。

任意後見制度は、あらかじめ自分の意思を任意後見契約という形で表明しておき、判断能力が低下しても自分の意思が尊重され、希望が実現される仕組みです。制度の理解が広がり、積極的な活用が進むことが期待されています。

将来能力が低下したときに任意後見監督人選任の申立てをして、任意後見人が契約に基づく業務を行う将来型が、任意後見法に即した典型的な契約形態です。

1. 契約当事者の決定

誰と誰が任意後見契約をするのか、はっきりさせます。受任者（任意後見人になる者）は基本的には誰でもよいのですが、委任者（本人）が信頼できる人である必要があります。なお、任意後見人には法定後見人の欠格事由が準用されます（任意後見法第７条第４項による民法第847条の準用）。

2. 公正証書の作成

まず、代理権の設定、代理権目録の作成を行います。委任者（本人）が受任者（任意後見人になる者）に頼みたい事項を代理権として設定し、代理権目録として一覧表にします。代理権目録は、附録第１号様式（チェック方式）または附録第２号様式（自由記述方式）のどちらかでつくることになっています（任意後見契約に関する法律第３条の規定による証書の様式に関する省令）（Q75参照）。

次に、財産目録の作成を行います。管理を依頼する財産を確定し、一覧表にします（Q30、31参照）。

これらを用意して委任者（本人）と受任者（任意後見人になる者）が公証役場に出向き、公証人に公正証書による任意後見契約書を作成してもらいます。通常は公証役場で作成しますが、病院など委任者（本人）のいるところへ出向いてもらうこともできます。契約書のひな形は公証役場にあります。

報酬額は委任者（本人）と受任者（任意後見人になる者）で自由に決め、契約書に盛り込みます。なお、任意後見開始後の任意後見監督人の報酬は家庭裁判所が決め、委任者（本人）の財産から支払われます。

3. 公正証書作成の費用

公証役場で支払う費用としては、公正証書作成手数料１契約につき１万1000円（公証人手数料令第９条)、登記手数料2600円（登記手数料令第17条)、登記嘱託手数料1400円（公証人手数料令第39条の２）などがあります。任意後見契約と同時に委任代理契約書を作成する場合（移行型）は、その手数料が加わります。公証人が出張して公正証書を作成するときは、出張旅費の負担が必要になります。そのほか契約時には、実印、印鑑登録証明書、戸籍謄本、住民票などが必要になりますので、事前に問い合わせて用意してください。

4. 契約書の保存、登記

契約書の原本は、契約を締結した公証役場に保存されます。委任者（本人）と受任者（任意後見人になる者）は正本を受け取ります。契約の内容は東京法務局に登記されます。登記手続きは公証人が行います。

5. 任意後見受任者から任意後見人へ

任意後見受任者とは、任意後見監督人が選任される前の、まだ任意後見人になっていない段階の者です。任意後見契約を締結してから任意後見人になるまでの任意後見人になるべき人（本人と任意後見契約を締結した人）のことを、任意後見人と区別する意味で、任意後見受任者といいます（任意後見法第２条第３号)。

任意後見監督人が選任されると、任意後見受任者は任意後見人として事務を行うことになります（任意後見法第２条第４号)。任意後見受任者には、任意後見監督人選任申立権があります（任意後見法第４条第１項)。本人の判断能力の低下がみられる場合には、任意後見監督人選任の申立てを検討することが求められます。

将来型では本人の判断能力の低下に気づけるよう、別途見守り契約を結ぶことも有効です。契約から長い時間が経過した場合は、状況や考えが変わっていることも予想されます。あらためて契約内容を確認する必要があるでしょう。

委任契約に基づく任意代理契約と任意後見契約を同時に結ぶ移行型は、判断能力の低下の状況により適時任意後見監督人を選任し、任意後見契約に移行することが重要です。本人の判断能力が低下しても任意代理を続けることは、事務をチェックする人がおらず、不適切な金銭管理が行われていても気づくことができません。任意代理の代理権を限定的にする、チェックする第三者を契約に盛り込む、判断能力低下時には受任者が任意後見監督人選任申立てを行うことを契約に盛り込むなどが有効です。

任意後見契約時に本人の能力が低下しはじめており、任意後見契約締結と同時に任意後見監督人選任申立てをして、すぐに任意後見人になる即効型は、本人の契約能力が十分か、情報を理解し本人の意思により決定したのか、確認が難しい面があります。法定後見の活用を検討する必要がある場合がありますので、注意を要します。

＜参考＞

・任意後見契約に関する法律第３条の規定による証書の様式に関する省令　附則第１号様式：e-Gov法令検索
https://elaws.e-gov.go.jp/data/412M50000010009_20191216_501M60000010051/pict/3JH00000216831_1905281305_2001241901_001.pdf

・任意後見契約に関する法律第３条の規定による証書の様式に関する省令　附則第２号様式：e-Gov法令検索
https://elaws.e-gov.go.jp/data/412M50000010009_20191216_501M60000010051/pict/3JH00000216831_1905281305_2001241901_002.pdf

Q75 代理権の設定、代理権目録の作成

任意後見契約を結びたいと思いますが、代理権目録作成上の注意点を教えてください。

1. 代理権の範囲確定の意味

代理権目録は、任意後見人に授権する代理権の範囲を明確にするために作成します。したがって、問題の本質は、「代理権目録をどのようにつくるか」ではなく、「どういう代理権を設定するのが目的に適合するか」です。

任意後見人は、代理権の範囲内で本人に代わって法律行為をするわけですから、代理権目録に記載のない事項についてはまったく何の権限もありません。後日、記載された代理権の範囲外の事項について代理権を行使して欲しいということになっても、その段階で本人に改めて授権行為をすることができる能力（任意後見契約を再び締結することができる能力）がなければ、法定後見に頼らざるを得ないことになります（Q77参照）。

一方、成年後見制度の理念は、何もかも代理権を与えなければならないのではなく、必要な法律行為に限定して代理権を授与することによって、なるべく自己決定を尊重しようとするものです。この理念を実現することが任意後見制度の大きな特徴であることを考え合わせて、個別具体的に、代理権の範囲をどのように決めるのが最も本人の意思が尊重され、権利擁護にふさわしいかを熟慮し、よく話し合って決定します。

2. 代理権の範囲の変更

代理権の範囲を増やしたい場合は、改めて追加的代理権目録による任意後見契約を締結することになります。

反対に、代理権の範囲を狭めたい場合は、すでに締結してある任意後見契約を解約して、新たにより狭い代理権の範囲を定めた任意後見契約を締結することになります。いずれの場合も、本人に契約締結能力があることが前提です（Q77参照）。

3. 身上に配慮した代理権目録の作成

現在、代理権目録の作成方法として、附録第1号様式（チェック方式）と附録第2号様式（自由記述方式）の二つの様式が用意されています（Q74参照）。

附録第1号様式は、すでに多数の事項が代理権として列記されており、このなかから授権したい事項にレ印を付けた表をそのまま添付書類とする方式です。附録第2号様式は、代理権を任意に記載する方式です。

いずれを選ぶかは、授権する代理権の範囲や内容によります。1号様式を使ってチェックすることで漏れがないか確認し、添付書類として2号様式を作成する、という方法もあります。2号様式の作成は公証役場で相談にのってもらえます。

代理権の設定、目録の作成は、委任者本人が任意後見制度をよく理解しており、依頼したい内容がはっきりしている場合にはすぐ終わることもありますが、考えがはっきりしていない場合には時間がかかる場合もあります。今までどういう人生を送ってきたのか、今どういう考えをもっているのか、どういう環境や状況のなかで暮らしているのか、今後どう暮らしていきたいのか、何を大事にしてほしいのか、といったことについて、委任者本人が頭のなかで漠然と考えている状態から言葉ではっきり表現できるようになるまで、面接を重ねる場合もあります。

一見、代理権目録の範囲外のことも、代理権として確定するためには聞いておく必要のあることもありますし、契約書本文に盛り込むことが可能な場合もあります。代理権の行使の仕方として、または代理権を行使する場合の周辺事情として、別個記録しておく（場合によっては覚書きとして内容を確認して交わしておく）という方法もあります。

代理権の設定、代理権目録の作成は任意後見契約の要です。慎重に検討してください。

Q76 任意後見の開始(任意後見監督人選任申立て)

任意後見受任者が、任意後見人となって事務を開始するためにはどうしたらよいのでしょうか。

1. 任意後見監督人選任申立て

任意後見契約とは、委任者（本人）が受任者（任意後見人になる者）に対し、精神上の障害により事理を弁識する能力が不十分な状況における自己の生活、療養看護および財産の管理に関する事務の全部または一部を委託し、その委託にかかる事務について代理権を付与する委任契約であって、任意後見監督人が選任された時からその効力を生じる旨の定めのあるものです（任意後見法第2条第1号）。すなわち、任意後見監督人の選任が必須要件です。

任意後見契約が登記されている場合において、精神上の障害により本人の事理を弁識する能力が不十分な状況にあるときは、家庭裁判所は、本人、配偶者、四親等内の親族または任意後見受任者の請求により、任意後見監督人を選任することになっています（任意後見法第4条第1項）。本人以外の請求により任意後見監督人を選任するには、あらかじめ本人の同意が必要です（任意後見法第4条第3項）。これにより、「任意後見受任者」は、「任意後見人」となり、受任した代理権を行使することができるようになります。

ただし、①本人が未成年者であるとき、②本人が受けている法定後見の開始の審判を継続することが本人の利益のため特に必要であると認めるとき、③任意後見受任者が、民法第847条に規定する欠格事由に該当する者、本人に対し訴訟をし、またはした者およびその配偶者ならびに直系血族、不正な行為、著しい不行跡その他任意後見人の任務に適しない事由がある者には、家庭裁判所は任意後見監督人を選任しないことができます（任意後見法第4条第1項ただし書）。

任意後見監督人の選任の申立手続などは、家事事件手続法第2編第2章第19節に定められています。大筋において法定後見と同様の手続となります（Q15参照）。家庭裁判所は、任意後見監督人を選任するには、本人の精神の状況につき医師その他適当な者の意見を聴かなければなりません（家事事件手続法第219条）。申立ての手順や様式の詳細は、裁判所のホームページで確認できます。

2. 任意後見監督人の職務

任意後見監督人の職務は以下のとおりです（任意後見法第7条第1項各号）。

① 任意後見人の事務を監督すること

② 任意後見人の事務に関し、家庭裁判所に定期的に報告をすること

③ 急迫な場合に任意後見人の代理権の範囲内で必要な処分をすること

④ 任意後見人と本人の利益が相反する場合に本人を代表すること

また、いつでも、任意後見人に対し任意後見人の事務の報告を求め、または任意後見人の事務もしくは本人の財産の状況を調査することができます（任意後見法第7条第2項）。

家庭裁判所は、任意後見監督人に対し、任意後見人の事務に関する報告を求め、調査を命じ、任意後見監督人の職務について必要な処分を命ずることができます（任意後見法第7条第3項）。

Q77 任意後見契約締結後の変更

任意後見人の職務範囲外の代理権の必要性が生じた場合、どのようにしたらよいのでしょうか。

職務範囲を越えた事務の必要性が生じたときは、代理権の範囲を拡大することが考えられます。任意後見契約の変更は基本的に委任者（本人）と任意後見受任者または任意後見人の合意によって行います。したがって次の二つのケースが考えられます。

1. 任意後見監督人選任前（任意後見契約発効前）

この場合は本人と任意後見受任者で協議し、代理権が必要な事項について任意後見契約を締結することによって代理権の範囲を拡大します。手続きとしては、代理権を増やす部分の任意後見契約を別に結びます。または現在の契約を一旦解除して改めて新しい任意後見契約を結びます。

本人の能力がすでに低下しており新たな契約を締結することが困難な場合は、法定後見への移行を検討する必要があります。法定後見開始の審判の申立ては、任意後見受任者も行うことができます（任意後見法第10条）。

2. 任意後見監督人選任後（任意後見契約発効後）

すでに本人の判断能力が低下しているため、本人と任意後見人両者の合意の確認が難しいと思われます。任意後見監督人の関与で行う必要がありますが、変更が必要な場合は、法定後見への移行を検討する必要があります。家庭裁判所は、法定後見が本人の利益のために特に必要があると認めるときに限り、法定後見開始の審判をすることができます。法定後見開始の審判がなされると、任意後見契約は終了します。

法定後見開始の審判の申立ては、任意後見人、任意後見監督人も行うことができます（任意後見法第10条）。

78 任意後見人の解任

どういう場合に任意後見人を解任できるのでしょうか。解任する場合の手続きについて教えてください。

A

1. 解任制度と解任事由

家庭裁判所は、任意後見人に①不正な行為、②著しい不行跡、③その他その任務に適しない事由があるときに、任意後見監督人、本人、その親族または検察官の請求により、任意後見人を解任できます（任意後見法第８条）。

法定後見の場合は、家庭裁判所が法定後見人を選任するため、家庭裁判所が職権で解任することができます（民法第846条）。しかし、任意後見の場合は、家庭裁判所の職権による解任はありません。これは、任意後見はあくまで本人との任意後見契約という私的自治に基づくものであり、公的介入は最小限度にすべきという考えによるものです。また、任意後見の場合は、任意後見監督人の選任が必置であり、任意後見監督人による監督に信頼をおくことができるためです。

2. 任意後見人解任の手続き

家庭裁判所が任意後見人を解任する審判をする場合は、任意後見人の陳述を聴かなければなりません（家事事件手続法第220条第１項第３号）。

家庭裁判所が任意後見人の解任の審判を行ったときは、本人と任意後見監督人に告知をしなければなりません（家事事件手続法第222条第３号）。その決定に不服があるときは、本人と任意後見人は即時抗告をすることができます（家事事件手続法第223条第４号）。

任意後見人の不正な行為が続いていると思われるため、解任の審判が効力を生ずるまでの間、放置していると本人の権利が侵害されるおそれが強いなど、本人の利益のために必要があるときは、解任の申立人による申立てにより、または家庭裁判所の職権で、任意後見人の職務の執行を停止することができます。職務の執行停止の審判は、任意後見人と任意後見監督人に告知することで、その効力を生じます（家事事件手続法第225条第２項、第127条第１項、第２項準用）。

Q79 任意後見契約の解除

任意後見契約解除の要件について説明してください。

任意後見契約の解除は、任意後見監督人選任前と後では方法が異なります。

1. 任意後見監督人選任前の解除（任意後見契約発効前）

本人または任意後見受任者は、いつでも、公証人の認証した書面により、任意後見契約を解除することができます（任意後見法第9条第1項)。

任意後見受任者と本人双方の合意で解除する場合は、公証人の面前で任意後見契約を解除する旨の書面に署名および押印します。あるいは、すでに作成済みの書面の署名・押印が自分のものであることを認める旨を述べて、公証人が認証します。

任意後見契約を一方的に解除する場合は、解除の意思を表示した書面に公証人の認証を受けます。公証人の認証を受けた事実と任意後見契約を解除する意思を記載した内容証明郵便（配達証明付）を相手方に送付します。

2. 任意後見監督人選任後の解除（任意後見契約発効後）

本人または任意後見人は、解除に関する「正当な事由」がある場合に限り、家庭裁判所の許可を得て、任意後見契約を解除することができます（任意後見法第9条第2項)。したがって、任意後見人が契約を解除しようとするときには、家庭裁判所に解除の許可の審判の申立てが必要です。老齢、疾病、遠隔地居住などにより本人の保護につき必要な配慮をなし得なくなったことなどは、「正当な事由」に該当するものと解されます。

3. 任意後見契約解除に伴う終了の登記

任意後見契約を解除したときは、任意後見監督人選任の前後を問わず、終了の登記をしなければなりません。任意後見監督人選任前は、公証人の認証を受けた解除の意思表示を記載した書面の添付が必要です。

80 任意後見の終了

任意後見の終了について説明してください。

A

まず任意後見の終了の原因、次に終了の事務について述べます。

1. 任意後見の終了原因

任意後見の終了原因として、任意後見人の解任（Q78参照、任意後見法第８条)、任意後見契約の解除（Q79参照、任意後見法第９条)、法定後見の開始（任意後見法第10条）があります。

任意後見監督人選任後に法定後見開始の審判がなされたときは、すでに効力を生じている任意後見契約は当然終了します（任意後見法第10条第３項)。

さらに、ほかの委任契約同様、本人または任意後見人（任意後見受任者）の死亡・破産により終了します。また、任意後見人（任意後見受任者）が後見開始の審判を受けたときも終了します（民法第653条)。

2. 任意後見の終了に際しての事務など

任意後見の終了に際しては、ほかの委任同様、終了後遅滞なく委任事務の経過と結果を報告しなければなりません（民法第645条)。また、委任事務に当たり受領した金銭その他の物は、委任者本人またはその法定後見人等に引き渡し（民法第646条第１項)、委任者本人のために自己の名をもって取得した権利は、本人に移転しなければなりません（民法第646条第２項)。

さらに、任意後見人が、自己のために委任者本人の金銭を消費したときは、消費した日以降の利息をつけなければならないとともに、損害があるときには損害賠償の責任を負うことになります（民法第647条)。

また、任意後見人であった者は、急迫の事情があるときには、後見事務の引継ぎが終わるまでは、必要な処分をしなければなりません（民法第654条)。

3. 任意後見契約終了の登記

裁判所の審判により終了する場合には、裁判所書記官が登記の嘱託の手続きをします。一方、本人の死亡等により任意後見契約が終了した場合には、任意後見人などが任意後見契約終了の登記を申請します。

終了の登記は、委任者本人、任意後見受任者、任意後見人、任意後見監督人のほか、本人の親族その他利害関係人も申請することができます。終了の事由と年月日が記録されます（後見登記法第５条第８号、第８条第２項、第３項）。

任意後見契約解除による終了の登記については、Q79を参照してください。

Q81 民事信託・家族信託

これらの信託と成年後見制度の関係について教えてください。

1. 民事信託と家族信託

営利目的ではない信託を民事信託といい、民事信託の枠組みのうち、家族と結ぶ信託契約を家族信託といいます。

2007（平成19）年9月に施行された改正信託業法により、誰でも受託者になることができるようになったため、知人や友人、家族を受託者とした契約が可能となりました。管理を任された受託者は、財産管理を任された預金や不動産の管理、処分などを自らの判断で家庭裁判所等の監督を受けずに行うことができるため、適切に財産管理をしてもらえない、場合によっては横領されるなどのリスクもあるといえます。

2. 信託と成年後見制度の関係

民事信託と成年後見制度の大きな違いは、管理範囲といえるでしょう。

民事信託（家族信託）では信託財産しか管理できませんが、成年後見制度では身上保護として財産以外にかかわる契約の同意・締結を行うための法的権限が付与されます。成年後見制度における財産管理は、あくまで「本人の財産の保護」が目的になるため、やみくもな財産の売却・処分や収益を目的としたリスクのある運用は認められません。また、家庭裁判所や家庭裁判所が選任した監督人による定期的な監督を受けることになります。

逆にいえば、「利益目的やそのほか柔軟に財産を扱ってほしい」場合は家族信託がすすめられるかもしれません。しかし、自分の意思や意向を尊重した介護や医療関係の契約、第三者の悪意からの保護を求める場合は、成年後見制度が必要となることを理解しておくことが重要です。

信託は、上記のような使いやすさはありますが、財産の活用や運用について、自身の変化する考え方に沿って対応されるかどうかに疑問があります。意思決定支援や身上保護の面から、任意後見契約とセットで考えるなど、財産管理以外の対応についても検討しておく必要があります。

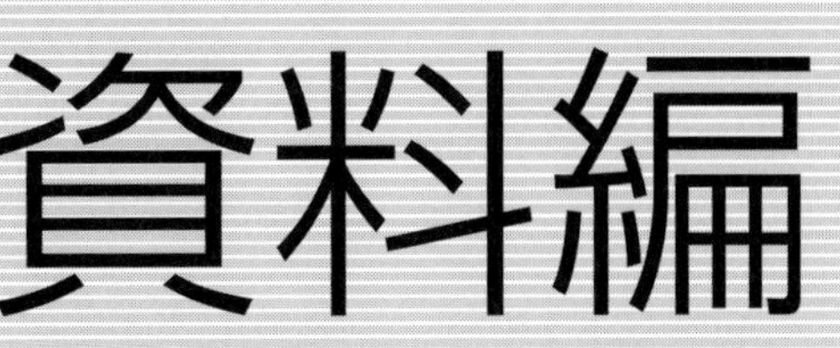
資料編

公益社団法人日本社会福祉士会・全国都道府県社会福祉士会連絡先

2022年 4 月現在

日本社会福祉士会事務局

	郵便番号	所在地	TEL/FAX
	160-0004	東京都新宿区四谷1-13 カタオカビル2階	03-3355-6541 03-3355-6543

全国都道府県社会福祉士会

	郵便番号	所在地	TEL/FAX
(公社) 北海道社会福祉士会	060-0002	北海道札幌市中央区北二条西7丁目 かでる2.7-4階	011-213-1313 011-213-1314
(公社) 青森県社会福祉士会	030-0822	青森県青森市中央3-20-30 県民福祉プラザ5階	017-723-2560 017-752-6877
(一社) 岩手県社会福祉士会	020-0816	岩手県盛岡市中野2丁目16-1 SETビル3階A号室	019-613-5505 019-613-5505
(一社) 宮城県社会福祉士会	981-0935	宮城県仙台市青葉区三条町10-19 PROP三条館内	022-233-0296 022-393-6296
(一社) 秋田県社会福祉士会	010-0922	秋田県秋田市旭北栄町1-5 秋田県社会福祉会館内	018-896-7881 018-896-7882
(一社) 山形県社会福祉士会	990-0021	山形県山形市小白川町2-3-31 山形県総合社会福祉センター内	023-615-6565 023-615-6521
(一社) 福島県社会福祉士会	963-8045	福島県郡山市新屋敷1丁目166番 SビルB号室	024-924-7201 024-924-7202
(一社) 茨城県社会福祉士会	310-0851	茨城県水戸市千波町1918 茨城県総合福祉会館5F	029-244-9030 029-244-9052
(一社) 栃木県社会福祉士会	320-8508	栃木県宇都宮市若草1-10-6 とちぎ福祉プラザ内 とちぎソーシャルケアサービス共同事務所	028-600-1725 028-600-1730
(一社) 群馬県社会福祉士会	371-0843	群馬県前橋市新前橋町13-12 群馬県社会福祉総合センター7階	027-212-8388 027-212-7260
(公社) 埼玉県社会福祉士会	338-0003	埼玉県さいたま市中央区本町東1-2-5 ベルメゾン小島103	048-857-1717 048-857-9977
(一社) 千葉県社会福祉士会	260-0026	千葉県千葉市中央区千葉港7-1 ファーストビル千葉みなと3階	043-238-2866 043-238-2867
(公社) 東京社会福祉士会	170-0005	東京都豊島区南大塚3-43-11 福祉財団ビル5階	03-5944-8466 03-5944-8467
(公社) 神奈川県社会福祉士会	221-0825	神奈川県横浜市神奈川区反町3-17-2 神奈川県社会福祉センター4F	045-317-2045 045-317-2046
(公社) 新潟県社会福祉士会	950-0994	新潟県新潟市中央区上所2丁目2-2 新潟ユニゾンプラザ3階	025-281-5502 025-281-5504
(一社) 山梨県社会福祉士会	400-0073	山梨県甲府市湯村三丁目11-30	055-269-6280 055-269-6280
(公社) 長野県社会福祉士会	380-0836	長野県長野市南県町685-2 長野県食糧会館6F	026-266-0294 026-266-0339
(一社) 富山県社会福祉士会	939-0341	富山県射水市三ケ579 富山福祉短期大学内	0766-55-5572 0766-55-5572
(一社) 石川県社会福祉士会	920-8557	石川県金沢市本多町3丁目1-10 石川県社会福祉会館2階	076-207-7770 076-207-5460
(一社) 福井県社会福祉士会	918-8011	福井県福井市月見3-2-37 NTT西日本福井南交換所ビル1階	0776-63-6277 0776-63-6330
(一社) 岐阜県社会福祉士会	500-8385	岐阜県岐阜市下奈良2丁目2-1 岐阜県福祉農業会館6階	058-277-7216 058-277-7217
(一社) 静岡県社会福祉士会	420-0856	静岡県静岡市葵区駿府町1-70 静岡県総合社会福祉会館4階	054-252-9877 054-252-0016

	郵便番号	所在地	TEL/FAX
(一社) 愛知県社会福祉士会	460-0001	愛知県名古屋市中区三の丸1丁目7番2号 桜華会館　南館1階	052-202-3005 052-202-3006
(一社) 三重県社会福祉士会	514-0003	三重県津市桜橋2-131 三重県社会福祉会館4階	059-253-6009 059-228-6008
(公社) 滋賀県社会福祉士会	525-0072	滋賀県草津市笠山7-8-138 滋賀県立長寿社会福祉センター内	077-561-3811 077-561-3835
(一社) 京都社会福祉士会	604-0874	京都府京都市中京区竹屋町通烏丸東入清水町375 京都府立総合社会福祉会館(ハートピア京都)7F	075-585-5430 075-585-5431
(公社) 大阪社会福祉士会	542-0012	大阪府大阪市中央区谷町7-4-15 大阪府社会福祉会館内 (1階)	06-4304-2772 06-4304-2773
(一社) 兵庫県社会福祉士会	651-0062	兵庫県神戸市中央区坂口通2-1-1 兵庫県福祉センター5階	078-265-1330 078-265-1340
(一社) 奈良県社会福祉士会	634-0061	奈良県橿原市大久保町320-11 奈良県社会福祉総合センター5F	0744-48-0722 0744-48-0723
(一社) 和歌山県社会福祉士会	640-8319	和歌山県和歌山市手平2-1-2 県民交流プラザ和歌山ビッグ愛6階	073-499-4529 073-499-4529
(一社) 鳥取県社会福祉士会	689-0201	鳥取県鳥取市伏野1729-5 県立福祉人材研修センター内1階	0857-30-6308 0857-30-6309
(一社) 島根県社会福祉士会	690-0011	島根県松江市東津田町1741-3 いきいきプラザ島根1階	0852-28-8181 0852-28-8181
(公社) 岡山県社会福祉士会	700-0807	岡山県岡山市北区南方2丁目13-1 岡山県総合福祉・ボランティア・NPO会館7階	086-201-5253 086-201-5340
(公社) 広島県社会福祉士会	732-0816	広島県広島市南区比治山本町12-2 広島県社会福祉会館内	082-254-3019 082-254-3018
(一社) 山口県社会福祉士会	753-0072	山口県山口市大手町9-6 社会福祉会館内	083-928-6644 083-922-9915
(一社) 徳島県社会福祉士会	770-0943	徳島県徳島市中昭和町1丁目2番地 徳島県立総合福祉センター3階	088-678-8041 088-678-8042
(公社) 香川県社会福祉士会	762-0083	香川県丸亀市飯山町下法軍寺581-1 丸亀市飯山総合保健福祉センター1F	0877-98-0854 0877-98-0856
(一社) 愛媛県社会福祉士会	790-0905	愛媛県松山市樽味2丁目2-3 ラ・マドレーヌビル2F	089-948-8031 089-948-8032
(一社) 高知県社会福祉士会	780-0870	高知県高知市本町4丁目1番37号 丸の内ビル3F12号室	088-855-5921 088-855-3612
(公社) 福岡県社会福祉士会	812-0011	福岡県福岡市博多区博多駅前3-9-12 アイビーコートⅢビル5階	092-483-2944 092-483-3037
(公社) 佐賀県社会福祉士会	849-0935	佐賀県佐賀市八戸溝1丁目15-3 佐賀県社会福祉士会館	0952-36-5833 0952-36-6263
(一社) 長崎県社会福祉士会	852-8104	長崎県長崎市茂里町3-24 長崎県総合福祉センター県棟5階	095-848-6012 095-848-6012
(一社) 熊本県社会福祉士会	862-0910	熊本県熊本市東区健軍本町1-22 東部ハイツ105	096-285-7761 096-285-7762
(公社) 大分県社会福祉士会	870-0907	大分県大分市大津町2-1-41 大分県総合社会福祉会館内	097-576-7071 097-576-7071
(一社) 宮崎県社会福祉士会	880-0007	宮崎県宮崎市原町2-22 宮崎県福祉総合センター人材研修館内	0985-86-6111 0985-86-6116
(公社) 鹿児島県社会福祉士会	890-8517	鹿児島県鹿児島市鴨池新町1-7 鹿児島県社会福祉センター内	099-213-4055 099-213-4051
(一社) 沖縄県社会福祉士会	903-0804	沖縄県那覇市首里石嶺町4-135-1 くしばるビル207号室	098-943-4249 098-943-5249

日本弁護士連合会　高齢者・障害者に関する法律相談窓口

2020年２月現在

東京弁護士会	名称	高齢者・障害者総合支援センター「オアシス」
	住所	〒100-0013　千代田区霞が関1-1-3　弁護士会館6階
	電話番号	03-3581-2201（代表）
	備考	東京三弁護士会統一電話相談（03-3581-9110）にて電話相談後、相談結果により面接相談を案内
第一東京弁護士会	名称	成年後見センター「しんらい」
	住所	〒100-0013　千代田区霞が関1-1-3　弁護士会館11階
	電話番号	03-3595-8575
	備考	
第二東京弁護士会	名称	高齢者・障害者財産管理センター「ゆとり～な」
	住所	〒100-0013　千代田区霞が関1-1-3　弁護士会館9階
	電話番号	03-3581-2250
	受付時間	・電話相談：無料（15分程度） 10時00分～12時00分　13時00分～16時00分 ・面接相談：月～金曜日（祝祭日・年末年始を除く） 9時30分～17時00分
	相談費用	・電話相談：無料（15分程度） ・面接相談：1時間　10,000円（消費税別）
	備考	無料電話相談：03-3581-9110 面接・出張相談予約：03-3581-2250
神奈川県弁護士会	名称	高齢者・障害者の権利擁護相談
	住所	〒231-0021　横浜市中区日本大通9番地　横浜弁護士会館1F
	電話番号	045-211-7700
	備考	有料面談相談／無料電話相談、いずれも毎週月曜日
埼玉弁護士会	名称	高齢者・障害者権利擁護センター「しんらい」
	住所	〒330-0063　さいたま市浦和区高砂4-2-1　浦和高砂パークハウス1階
	電話番号	048-710-5666
	備考	
千葉県弁護士会	名称	高齢者・障害者支援センター
	住所	〒260-0013　千葉市中央区中央4-13-12
	電話番号	043-227-8431
	備考	
茨城県弁護士会水戸	名称	茨城県弁護士会法律相談センター
	住所	〒310-0062　水戸市大町2-2-75
	電話番号	029-227-1133
	受付時間	9時00分～17時00分
	相談費用	面談相談30分5,000円（税抜）
	備考	

土浦	住所	〒300-0043　土浦市中央1-13-3　大国亀城公園ハイツ304
	電話番号	029-875-3349
	受付時間	9時00分～17時00分
	相談費用	面談相談30分5,000円（税抜）
	備考	
下妻	住所	〒304-0056　下妻市長塚74－1（下妻市商工会）
	電話番号	0296-44-2661
	受付時間	9時00分～17時00分
	相談費用	面談相談30分5,000円（税抜）
	備考	有料、面談

栃木県弁護士会	名称	高齢者等援護センター
	住所	〒320-0845　宇都宮市明保野町1-6
	電話番号	028-689-9000
	備考	

群馬弁護士会	名称	高齢者・障害者支援センター
	住所	〒371-0026　前橋市大手町3-6-6　群馬弁護士会館・県民法律センター
	電話番号	027-234-9321
	備考	

静岡県弁護士会	名称	高齢者・障害者総合支援センター
	住所	〒420-0853　静岡市葵区追手町10-80　静岡地方裁判所構内
	電話番号	054-252-0008
	受付時間	9時00分～17時00分
	相談費用	無料
	備考	相談日時　毎週水曜日13時00分～16時00分　出張相談（有料）及び高齢者を対象とした無料電話相談も行っています。最寄りの支部にお申し込みください。
浜松支部	住所	〒430-0929　浜松市中区中央1-9-1
	電話番号	053-455-3009
	受付時間	9時00分～17時00分
	相談費用	無料
	備考	相談日時　毎週金曜日13時00分～16時00分
沼津支部	住所	〒410-0832　沼津市御幸町24-6
	電話番号	055-931-1848
	受付時間	9時00分～17時00分
	相談費用	無料
	備考	相談申込に応じ、担当弁護士と協議し、原則として担当弁護士事務所で相談実施。

山梨県弁護士会	名称	高齢者・障害者支援センター
	住所	〒400-0032　甲府市中央1-8-7　山梨県弁護士会館
	電話番号	055-235-7202
	備考	面談（予約制）有料30分：5,000円（税別） 相談時間：第2・第4木曜日13時00分～16時00分 ※心身に障害があり、当会にお越しになれない方について弁護士が出張して相談をすることもできます。（出張相談は1回10,000円（税別）＋交通費等実費）

長野県弁護士会	名称	高齢者・障害者総合支援センター「ひまわり長野」
	住所	〒380-0872　長野市妻科432
	電話番号	026-232-2104
	受付時間	月～金曜日の10時00分～16時00分
	相談費用	有料
	備考	高齢者なんでも無料電話相談 0120-65-9674（月曜日、木曜日の13時30分～16時00分）

新潟県弁護士会	名称	高齢者・障がい者の財産管理・権利擁護支援センター
	住所	〒951-8126　新潟市中央区学校町通1-1　新潟県弁護士会
	電話番号	025-222-5533
	受付時間	平日9時00分～17時00分
	相談費用	30分5,500円（消費税込み・予約制）
	備考	高齢者・障がい者のための弁護士電話法律相談　毎週金曜日13時00分～16時00分（平日のみ）025-228-5900

大阪弁護士会	名称	高齢者・障害者総合支援センター「ひまわり」
	住所	〒530-0047　大阪市北区西天満1-12-5　大阪弁護士会館1階
	電話番号	06-6364-1251
	備考	

京都弁護士会	名称	高齢者・障害者支援センター「助かります」
	住所	〒604-0971　京都市中京区富小路通丸太町下ル
	電話番号	075-231-2378
	受付時間	平日9時00分～12時00分、13時00分～17時00分
	相談費用	45分5,000円（税別）
	備考	面談相談時間：毎月第1･3木曜日13時00分～16時00分（予約制）

兵庫県弁護士会	名称	高齢者・障害者総合支援センター「たんぽぽ」
	住所	〒650-0016　兵庫県神戸市中央区橘通1-4-3
	電話番号	078-341-0550
	受付時間	10時00分～12時00分、13時00分～16時30分
	相談費用	面談相談（予約制）：30分5,000円（税別）
	備考	電話相談：無料（火・木曜日13時00分～16時00分）専用番号：078-362-0074

奈良弁護士会	名称	高齢者・障害者支援センター
	住所	〒630-8237　奈良市中筋町22−1　奈良弁護士会館
	電話番号	0742-22-2035
	備考	

滋賀弁護士会	名称	高齢者・障害者支援センター
	住所	〒520-0051　大津市梅林1-3-3
	電話番号	077-522-2013
	備考	

和歌山弁護士会	名称	高齢者・障害者支援センター
	住所	〒640-8144　和歌山市四番丁5
	電話番号	073-422-4580
	備考	

愛知県弁護士会	名称	高齢者・障害者総合支援センター「アイズ」
	住所	〒460-0001　名古屋市中区三の丸1-4-2
	電話番号	052-565-6116（アイズ専用）
	備考	簡単な相談の場合（1回の相談は10分程度）は、アイズ専用電話による相談が可能。相談の結果、さらに相談を希望する場合には面談での相談となる。 相談時間：毎週火・木曜日（祝日を除く）午前10時15分～午後1時00分

三重弁護士会	名称	高齢者・障害者支援センター
	住所	〒514-0036　津市丸之内養正町1-1
	電話番号	059-228-2232
	備考	

岐阜県弁護士会	名称	高齢者・障害者の権利擁護センター
	住所	〒500-8811　岐阜市端詰町22
	電話番号	058-265-0020
	備考	

福井弁護士会	名称	高齢者・障害者権利擁護センター
	住所	〒910-0004　福井市宝永4-3-1　サクラＮビル7階
	電話番号	0776-23-5255
	備考	

金沢弁護士会	名称	高齢者・障害者支援センター
	住所	〒920-0937　金沢市丸の内7番36号
	電話番号	076-221-0242
	受付時間	9時00分～17時00分
	相談費用	5,000円（税抜）※面談相談のため事前予約制
	備考	支援弁護士紹介—随時受付（9時00分～17時00分） 電話相談—毎週火曜日（11時00分～12時30分、無料）

富山県弁護士会	名称	高齢者・障害者の権利擁護センター
	住所	〒930-0076　富山市長柄町3-4-1
	電話番号	076-421-4811
	備考	

広島弁護士会	名称	紙屋町法律相談センター
	住所	〒730-8501　広島市中区基町6-27　そごう新館6階
	電話番号	082-225-1600
	受付時間	9時30分～16時00分（但しＧＷ、盆、年末年始を除く）
	相談費用	原則有料 （要件をみたせば法テラスの民事法律扶助による無料法律相談（相談援助）可）
	備考	

山口県弁護士会	名称	高齢者・障害者権利擁護センター
	住所	〒753-0045　山口市黄金町2-15
	電話番号	083-922-0087
	備考	

岡山弁護士会	名称	財団法人リーガルエイド岡山　高齢者・障害者支援センター（弁護士会内でなく外郭団体としての設立）
	住所	〒700-0807　岡山市北区南方1-8-29
	電話番号	086-223-7899
	備考	

鳥取県弁護士会	名称	法律相談センター
【鳥取】	住所	〒680-0011　鳥取市東町2-221（鳥取県弁護士会会館）
	電話番号	0857-22-3912
	受付時間	月～金曜日9時00分～17時00分
	相談費用	30分：5,000円（税込） ※収入・資産の少ない方は法律扶助による無料相談が可能です。
	備考	相談時間：毎週土曜日9時30分～12時00分
【倉吉】	住所	〒682-0822　倉吉市葵町724-15（法律相談センター倉吉2階）
	電話番号	0858-24-0515
	受付時間	月～金曜日9時00分～17時00分
	相談費用	30分：5,000円（税込） ※収入・資産の少ない方は法律扶助による無料相談が可能です。
	備考	相談時間：毎週土曜日9時30分～12時00分
【米子】	住所	〒683-0805　米子市西福原2-1-10（米子しんまち天満屋特設会場4階）
	電話番号	0859-23-5710
	受付時間	月～金曜日9時00分～17時00分
	相談費用	30分：5,000円（税込） ※収入・資産の少ない方は法律扶助による無料相談が可能です。
	備考	相談時間：毎週火曜日13時30分～16時00分　毎週金曜日10時30分～12時30分

島根県弁護士会	名称	高齢者・障がい者のための無料電話法律相談
	住所	〒690-0886　松江市母衣町55-4　松江商工会議所ビル7階
	電話番号	0120-448-110
	受付時間	毎週火曜日13時30分～16時00分
	相談費用	無料
	備考	電話相談後、相談結果により面談相談を案内
【松江】 松江後見センター	住所	〒690-0859　松江市古志原3丁目18番3号　リエールM202号室
	電話番号	0852-67-6560
【出雲】 出雲成年後見センター	住所	〒693-0003　出雲市今市町南本町21番地3　成瀬司法書士事務所内
	電話番号	0853-22-8097
【石見】 石見成年後見センター	住所	〒695-0001　江津市渡津町290-1　相談支援センターえん
	電話番号	0855-52-7107
【益田・鹿足】 益田・鹿足成年後見センター （弁護士会だけでなく司法書士会・社会福祉士会との設立）	住所	〒698-0003　益田市乙吉町イ342番地1　第一ビル209号　羽柴法律事務所内
	電話番号	0856-22-3640

福岡県弁護士会	名称	高齢者・障がい者総合支援センター「あいゆう」
	住所	〒810-0004　福岡市中央区渡辺通5-14-12　南天神ビル2階　天神弁護士センター
	電話番号	092-724-7709
	備考	
北九州	住所	〒803-0816　北九州市小倉北区金田1-4-2　裁判所構内　北九州弁護士会館内
	電話番号	093-561-0360
	備考	
筑後	住所	〒830-0021　久留米市篠山町11-5　筑後弁護士会館内
	電話番号	0942-30-0144
	備考	

佐賀県弁護士会	名称	高齢者・障害者財産管理センター
	住所	〒840-0833　佐賀市中の小路7-19　佐賀県弁護士会館
	電話番号	0952-24-3411
	受付時間	9時00分～12時00分、13時00分～17時30分
	相談費用	約30分・2,000円（税抜）、ただし世帯の収入が一定額以下の場合は「法テラス」相談援助の対象となり、その場合は原則として相談料が無料になります。
	備考	

長崎県弁護士会	名称	高齢者・障害者支援センター
	住所	〒850-0875　長崎市栄町1-25　長崎MSビル4階
	電話番号	095-824-3903
	備考	

大分県弁護士会		
	名称	高齢者・障害者の財産管理・権利擁護支援センター
	住所	〒870-0047　大分市中島西1-3-14
	電話番号	097-536-1458
	受付時間	9時00分～17時00分
	相談費用	原則5,000円（消費税別）
	備考	

熊本県弁護士会		
	名称	成年後見についての独自の相談センターは設置していません。 窓口は当会の法律相談センターです。
	住所	
	電話番号	096-325-0009
	備考	

鹿児島県弁護士会		
	名称	高齢者・障害者総合支援センター
	住所	〒892-0815　鹿児島市易居町2-3
	電話番号	099-226-3765
	受付時間	（問い合わせ・予約受付時間）平日9時00分～12時00分、13時00分～17時00分
	相談費用	
	備考	弁護士会に設置している有料・無料相談を適宜ご案内いたします。

宮崎県弁護士会		
	名称	高齢者・障害者等権利擁護センター
	住所	〒880-0803　宮崎市旭1-8-45
	電話番号	0985-22-2466
	備考	法律相談センターで受付・事前予約での面接相談

沖縄弁護士会		
	名称	高齢者・障害者の財産管理・権利擁護支援センター
	住所	〒900-0014　那覇市松尾2丁目2-26-6
	電話番号	098-865-3737
	備考	

仙台弁護士会		
	名称	高齢者・障害者の財産管理・権利擁護支援窓口「ふくろうくん」
	住所	〒980-0811　仙台市青葉区一番町2-9-18
	電話番号	022-223-2383
	受付時間	平日10時00分～15時00分
	相談費用	原則30分5,000円＋消費税（一定の要件を満たせば無料となる場合があります）
	備考	相談費用は担当する弁護士によって異なる場合があります。

福島県弁護士会		
	名称	高齢者・障害者権利擁護支援センター
	住所	〒960-8115　福島市山下町4-24
	電話番号	024-534-2334
	受付時間	9時00分～17時00分
	相談費用	お問い合わせください。
	備考	無料電話相談：024-533-5048

山形県弁護士会	名称	高齢者・障害者支援センター
	住所	〒990-0042　山形市七日町2-7-10　NANA BEANS8階
	電話番号	023-622-2234
	備考	

岩手弁護士会	名称	高齢者・障害者支援センター
	住所	〒020-0022　盛岡市大通1-2-1　岩手県産業会館本館2階
	電話番号	019-651-5095
	備考	

秋田弁護士会	名称	高齢者・障害者のための支援センター
	住所	〒010-0951　秋田市山王6-2-7
	電話番号	018-896-5599
	備考	

青森県弁護士会	名称	高齢者・障害者支援センター
	住所	〒030-0861　青森市長島1-3-1　日赤ビル5階
	電話番号	017-777-7285
	備考	

札幌弁護士会	名称	高齢者・障害者支援センター「ホッと」
	住所	〒060-0001　札幌市中央区北1条西10丁目　札幌弁護士会館1階
	電話番号	011-242-4165
	備考	

函館弁護士会	名称	高齢者・障がい者支援センター
	住所	〒040-0031　函館市上新川町1-3
	電話番号	0138-41-0232
	受付時間	9時00分～17時00分
	相談費用	来館相談は5,000円。出張相談は相談場所等によって異なります。
	備考	

旭川弁護士会	名称	法律相談センター　高齢者・障がい者専門相談
	住所	〒070-0901　旭川市花咲町4
	電話番号	0166-51-9527
	受付時間	9時00分～17時00分
	相談費用	5,500円
	備考	

釧路弁護士会	名称	高齢者・障害者財産管理センター
	住所	〒085-0824　釧路市柏木町4-3
	電話番号	0154-41-0214
	備考	

資料編

香川県弁護士会	名称	高齢者・障害者支援センター
	住所	〒760-0033　高松市丸の内2-22
	電話番号	087-822-3693
	備考	

徳島弁護士会	名称	高齢者・障害者支援センター
	住所	〒770-0855　徳島市新蔵町1-31
	電話番号	088-652-5768
	備考	

高知弁護士会	名称	高齢者・障害者支援センター「くるみ」
	住所	〒780-0928　高知市越前町1-5-7
	電話番号	088-822-4852
	受付時間	平日9時00分～12時00分、13時00分～16時30分
	相談費用	無料（1年間で3回まで）
	備考	〈相談日〉毎週月・水曜日　〈相談時間〉1回30分

愛媛弁護士会	名称	高齢者・障害者総合支援センター
	住所	〒790-0003　松山市三番町4-8-8
	電話番号	089-941-6279
	備考	

公益社団法人成年後見センター・リーガルサポート　連絡先一覧

2022年４月現在

	郵便番号	住所	電話番号/FAX番号
本部	160-0003	東京都新宿区四谷本塩町4番37号 司法書士会館1階	03-3359-0541 03-5363-5065
札幌支部	060-0042	北海道札幌市中央区大通西13丁目4番地 中菱ビル6階　札幌司法書士会館	011-280-7078 -
函館支部	040-0033	北海道函館市千歳町21-13 桐朋会館3階 函館司法書士会内	0138-27-2345 0138-27-0721
旭川支部	070-0901	北海道旭川市花咲町4丁目 旭川司法書士会館	0166-54-3312 0166-54-3312
釧路支部	085-0833	北海道釧路市宮本1丁目2番4号 釧路司法書士会内	0154-41-8332 0154-42-8643
宮城支部	980-0821	宮城県仙台市青葉区春日町8番1号 宮城県司法書士会館内	022-263-6786 022-263-6756
ふくしま支部	960-8022	福島県福島市新浜町6番28号 福島県司法書士会館内	024-533-7234 024-531-1271
山形支部	990-0021	山形県山形市小白川町一丁目16番26号	023-623-3322 023-624-8078
岩手支部	020-0015	岩手県盛岡市本町通二丁目12番18号 岩手県司法書士会内	019-653-6101 019-653-6101
秋田支部	010-0951	秋田県秋田市山王六丁目3番4号 秋田県司法書士会館内	018-824-0055 018-824-0196
青森支部	030-0861	青森県青森市長島三丁目5番16号 青森県司法書士会館	017-775-1205 017-774-7156
東京支部	160-0003	東京都新宿区四谷本塩町4番37号 司法書士会館5階	03-3353-8191 03-3353-8234
神奈川県支部	231-0024	神奈川県横浜市中区吉浜町1番地 神奈川県司法書士会館内	045-640-4345 045-640-4346
埼玉支部	330-0063	埼玉県さいたま市浦和区高砂3丁目16番58号 埼玉司法書士会館内206号室	048-845-8551 048-845-8550
千葉県支部	261-0001	千葉県千葉市美浜区幸町2丁目2番1号 千葉司法書士会館内	043-301-7831 043-301-7832
茨城支部	310-0063	茨城県水戸市五軒町一丁目3番16号 茨城司法書士会館内	029-302-3166 029-302-3177
とちぎ支部	320-0848	栃木県宇都宮市幸町1番4号	028-632-9420 028-614-1155
群馬支部	371-0023	群馬県前橋市本町一丁目5番4号	027-224-7771 027-221-8207
静岡支部	422-8062	静岡県静岡市駿河区稲川1丁目1番1号 静岡県司法書士会内	054-289-3999 054-289-3702
山梨支部	400-0024	山梨県甲府市北口1丁目6番7号 山梨県司法書士会館内	055-254-8030 055-251-1677
ながの支部	380-0872	長野県長野市妻科399番地	026-232-7492 026-232-6699
新潟県支部	950-0911	新潟県新潟市中央区笹口1丁目11番地15 新潟県司法書士会内	025-244-5141 025-244-5122
愛知支部	456-0018	愛知県名古屋市熱田区新尾頭一丁目12番3号 愛知県司法書士会館内	052-683-6696 052-683-6288
三重支部	514-0036	三重県津市丸之内養正町17番17号	059-213-4666 059-224-5058
岐阜県支部	500-8114	岐阜県岐阜市金竜町5丁目10番地1 岐阜県司法書士会館内	058-259-7118 058-245-2327
福井県支部	918-8112	福井県福井市下馬2丁目314番地 司調合同会館	0776-36-0016 0776-43-0608

	郵便番号	住所	電話番号/FAX番号
石川県支部	921-8013	石川県金沢市新神田4丁目10番18号 石川県司法書士会館内	076-291-7070 076-291-4285
富山県支部	930-0008	富山県富山市神通本町一丁目3番16号 エスポワール神通3階	076-431-9332 076-431-0010
大阪支部	540-0019	大阪府大阪市中央区和泉町1丁目1番6号 大阪司法書士会館内	06-4790-5643 06-6941-7767
京都支部	604-0973	京都府京都市中京区柳馬場通夷川上ル五丁目232番地の1 京都司法書士会館内	075-255-2578 075-222-0466
兵庫支部	650-0017	兵庫県神戸市中央区楠町2丁目2番3号 兵庫県司法書士会館	078-341-8686 078-341-7035
奈良支部	630-8325	奈良県奈良市西木辻町320－5 奈良県司法書士会館内	0742-22-6707 0742-22-6678
滋賀支部	520-0056	滋賀県大津市末広町7番5号 司調会館2階　滋賀県司法書士会内	077-525-1093 077-522-1396
和歌山支部	640-8145	和歌山県和歌山市岡山丁24番地	073-422-0568 073-422-4269
広島県支部	730-0012	広島県広島市中区上八丁堀6番69号	082-511-0230 082-223-4382
山口支部	753-0048	山口県山口市駅通り二丁目9番15号	083-924-5220 083-921-0475
岡山県支部	700-0023	岡山県岡山市北区駅前町2丁目2番12号 岡山県司法書士会館	086-226-0470 086-225-9004
鳥取支部	680-0022	鳥取県鳥取市西町1丁目314番地1	0857-24-7013 0857-24-6081
しまね支部	690-0887	島根県松江市殿町383番地 山陰中央ビル5階	0854-22-1026 0854-22-1357
香川県支部	760-0022	香川県高松市西内町10番17号 香川県司法書士会館	087-821-5701 087-821-5879
徳島支部	770-0808	徳島県徳島市南前川町4丁目41番地 徳島県司法書士会館内	088-622-1865 088-622-1896
高知支部	780-0928	高知県高知市越前町2丁目6番25号	088-825-3141 088-824-6919
えひめ支部	790-0062	愛媛県松山市南江戸一丁目4番14号 愛媛県司法書士会合同会館	089-941-8065 089-945-1914
福岡支部	810-0073	福岡県福岡市中央区舞鶴三丁目2番23号	092-738-1666 092-738-1660
佐賀支部	840-0843	佐賀県佐賀市川原町2番36号	0952-29-0626 0952-29-5887
長崎支部	850-0874	長崎県長崎市魚の町3番33号 長崎県建設総合会館本館6階	095-823-4710 095-823-4662
大分支部	870-0045	大分県大分市城崎町2丁目3番10号	097-532-7579 097-532-3560
熊本支部	862-0971	熊本県熊本市中央区大江4丁目4番34号	096-364-2889 096-363-1359
鹿児島支部	890-0064	鹿児島県鹿児島市鴨池新町1番3号司調センター 鹿児島県司法書士会内	099-251-5822 099-250-0463
宮崎県支部	880-0803	宮崎県宮崎市旭1丁目8番39-1号 宮崎県司法書士会館内	0985-28-8599 0985-28-8537
沖縄支部	900-0006	沖縄県那覇市おもろまち4丁目16番33号	098-867-3526 098-861-7758

索引

A～Z

あ～お

か～こ

さ～そ

た～と

な～の

は～ほ

ま～も

や～よ

ら～ろ

編集

公益社団法人日本社会福祉士会

後見委員会出版プロジェクトチーム

三訂版　編集者一覧（敬称略・五十音順・〇は委員長を示す）

大輪　典子（おおわ　のりこ）

社会福祉士事務所スペース・輪（東京社会福祉士会）

小川　政博（おがわ　まさひろ）

あかね社会福祉士事務所（埼玉県社会福祉士会）

工藤　明人（くどう　あきひと）

NPO法人東三河後見センター（愛知県社会福祉士会）

小尾　智恵子（こび　ちえこ）

大阪社会福祉士会相談センターぱあとなあ（大阪社会福祉士会）

西原　留美子（にしはら　るみこ）

日本社会福祉士会アドバイザー（神奈川県社会福祉士会）

藤井　由紀子（ふじい　ゆきこ）

ふじ社会福祉士事務所（三重県社会福祉士会）

〇星野　美子（ほしの　よしこ）

日本社会福祉士会理事、ＴＲＹ星野社会福祉士事務所（東京社会福祉士会）

協力

岡垣　豊（おかがき　ゆたか）

弁護士　弁護士法人多摩パブリック法律事務所

三訂　成年後見実務マニュアル

——基礎からわかるQ＆A

2022年6月15日　発行

編　集　公益社団法人日本社会福祉士会

発行者　荘村明彦

発行所　中央法規出版株式会社

〒110-0016　東京都台東区台東3-29-1　中央法規ビル

TEL　03-6387-3196

https://www.chuohoki.co.jp/

装　　丁　大下賢一郎

印刷・製本　サンメッセ株式会社

定価はカバーに表示してあります。

ISBN978-4-8058-8718-9

本書の内容に関するご質問については、下記URLから「お問い合わせフォーム」にご入力いただきますようお願いいたします。
https://www.chuohoki.co.jp/contact/